元大使が綴る
意外な素顔と
その魅力

アイスランド

北川靖彦
Kitagawa Yasuhiko

幻冬舎MC

レイキャビク市内の風景

大地の裂け目が見られるシンクヴェトリル国立公園

"黄金の滝"を意味するグトルフォスの滝

スコゥガフォスの滝とオーロラ

オーロラ

国道から見える氷河

氷河湖に浮かぶ氷塊

青白く輝く氷河内部

南アイスランドの風景

国土を周回するリングロード

ブラックサンドビーチの朝焼け

世界最大の人工露天温泉、ブルーラグーン

噴火するファグラダルスフィヤル火山

レイキャビク市の大晦日を彩る花火

牧歌的な地方の風景

［左］ヨハネソン大統領夫妻と筆者
［右］沸騰した熱水を20m上空ま
で吹き上げる間欠泉

レイキャビク市のランドマーク、ハルパ・コンサートホール＆国際会議場

アイスランド、
元大使が綴る意外な素顔とその魅力

はじめに

　2016年11月1日の午後、筆者を乗せたアイスランド航空機は同国南西部にあるケプラヴィーク国際空港に向かっていた。空港上空には1000m前後の高さに雲がたれ込める中、午後4時7分に空港にタッチダウン。季節はもちろん冬で気温7度、日照時間が極めて短い季節の筈だが、まだそれほど暗くはなっていなかった。

　この日から、離任する2020年2月27日までの3年4ヶ月、1210日余りを日本大使として、この極北の大地で過ごすことになる。

　大学卒業後から36年間、総合商社に勤務していた私が、突然、日本大使として赴任する機会を与えられたことは幸運以外のなにものでもなかったが、商社勤務時にも何ら関係のなかった未知の国、しかも海外駐在を経験していたフィリピン、シンガポール等の熱帯地域とは気候的にも真逆のアイスランド勤務ということで、多少の不安があったことも確かだった。

　だがその不安は、着任後、あっという間に消えていった。日本大使という初めて挑戦するやりがいのある仕事は勿論だが、アイスランド人の魅力的な人柄や、オーロラ、白夜、氷

河、フィヨルドといった大自然の景観、等々にすっかり魅了されてしまったからだ。

　この貴重な体験や、まだまだ日本人には知られていないアイスランドの素顔や魅力を、一部でもご紹介したいとの思いが、この本の執筆につながったのだが、内容的には、その多くが自身の日記からきている。

　実は、着任後、生まれて初めて日記を書くことにした。当初は備忘録的な目的で、毎夜、ノートパソコンにその日の出来事やお会いした方との会話内容、新たに得たアイスランド情報等を書き込んでいった。その後、文字だけではなく、写真もデジタルで添付する等、徐々に内容に凝るようになり、結果的には、1ページに1500文字前後で1700ページ以上にわたる膨大な記録となって残った。

　アイスランドというと、多くの日本人にとっては文字通り「極北の遠い国」であり、かろうじて一部の旅行好きの人に「オーロラやブルーラグーン」が知られている程度ではないかと思う。もちろん間欠泉や巨大な滝、氷河といった大自然の絶景が大きな魅力の国ではあるが、これらについては既に多くのガイドブック等で紹介されている。

　従って、本書ではまだ日本人にあまり知られていないアイスランドの意外な素顔や魅力を、社会や自然、歴史といった幾つかの項目で取り纏め、ご紹介していくことにしたい。内容については、思い違いや事実誤認がないよう慎重に筆を進

めたが、万一誤り等があった場合には、ひとえに筆者の不勉強によるものであり、ご容赦頂きたい。

　最後に、本書を制作するに際し多くの助言を頂いた幻冬舎の編集チームの皆さん、さらには、同時期に現地で勤務していた日本大使館の職員、親しく付き合って頂いた在留邦人の皆さんや外交団の方々、そして何より、公私にわたり親しくお付き合いし、助けて頂いた多くのアイスランドの方々に、厚く御礼を申し上げたい。

2024 年 3 月

東京にて
北川靖彦

第 1 章 自然・地理

第 2 章 気候

第 3 章 歴史

第4章 社会

第 1 章

自然・地理

アイスランドは「氷の国」ではなく「火と氷の国」

アイスランドの国名（英語 Republic of Iceland、氷語 Ísland）をそのまま日本語に訳すと「氷の国」になる。由来については諸説あるものの、9世紀後半に入植したノルウェー人ヴァイキングが、山の上の氷河を見てノルウェー語の「イス＝氷」と「ラント＝国」の合成語「イスラント（Ísland）」と命名し、それを後世の人々が英語読みしてアイスランドになったという説が有力だ。[1]

国名はともかく、現在ではアイスランドは「火と氷の国」（The Land of Fire and Ice）とよく言われる。その理由は多くの火山と氷河が共存しているからなのだが、そこにはこの国の位置や生い立ちが大きく関係している。

位置的には、北緯63〜66度、西経13〜24度の北大西洋上に浮かぶ島国であり、北には北極、西はグリーンランド、東はスカンジナビア半島、南東には英国を望む場所にある（図1）。

そして地質学的には、西側の北米プレートと、東側のユーラシア・プレートの境界にある大西洋中央海嶺の一部が、火山活動や地殻変動により海面上に露出して出来た島という珍しい場所。つまり、この国の地下深くから上昇したマグマが地表に湧き出し、その後は東西に分かれて移動する2つのプレートを生み出す為、その周辺では常に摩擦が生じ、地震や火山活動を生み出すことになる。これが「火の国」（Land of

図1 ｜ アイスランドの位置

Fire）の正体だ。

　国内には130前後の火山があり、その内、活火山は30前後とされる。火山噴火については後述するが、地震も多く、平均1週間に500回前後あるとされるが、その殆どがマグニチュード2〜3前後の小さなもので、体感することは先ずない。現地滞在中、筆者がかろうじて体感出来た地震は1回で、震度は「1〜2」程度かと感じられた。気象庁の発表によるとマグニチュードは4であった。

　今一つのニックネームである「氷の国」（Land of Ice）については、国名そのものにもなっているのだが、270前後の大

小の氷河が国土の11％を覆っていることに由来している。氷河は、もともとは地表の雪が長い年月をかけて堆積し、氷に変化することで生まれるのだが、その為には平均気温が0度以下である必要がある。

　高緯度にある国だが、周囲を流れる暖流のお陰で、レイキャビクをはじめとする海岸沿いの主要都市では、冬でも気温が0度を下回ることはそれほど多くはない。従って、氷河が出来ているのは、標高の高い内陸部に限られる。

　氷河の存在はアイスランドの風景を特徴づけるものだ。自らの重さによって、非常にゆっくりと流れる川のように移動し大地を削り、自らもクレバスや割れ目、時には美しい氷河洞窟を作り出す。

　代表的なのは、南東部にある「ヴァトナヨークトル氷河

写真1｜ヴァトナヨークトル氷河

Vatnajökull」（写真1）だろう。この氷河は8100 km²の広さがあり、体積ではヨーロッパ最大、面積では2番目に大きい氷河で、日本でいえば静岡県を上回る広さだ。因みに、ヨークトル（jökull）はアイスランド語で氷河の意味。

　その他にも、アイスランド語で「長い氷河」を意味するラングヨークトル氷河、ハイランドと呼ばれる中央部の高原地帯にあるホフスヨークトル氷河、ミルダルスヨークトル氷河、等々、数え上げればきりがない。

COFFEE BREAK

温暖化の影響、失われた氷河の追悼式

　予て温暖化の影響で国内各地の氷河の融解・後退が懸念されていたが、ついに2014年、気象庁はオクヨークトル氷河（Okjökull）を「もはや氷河と言えない」と宣言し、国内で初めて氷河という肩書きを失った氷河となった。この氷河は過去には16 km²の大地を覆っていたが、2014年時点では1 km²にも満たない氷の塊となってしまったのだ。

　そして、2019年8月には、このオクヨークトル氷河を追悼する式典が現地で開催され、カトリン・ヤコブスドッティル首相以下、政府関係者や大学の研究者・科学者等、100名前後の関係者が参加した。[2]

　この追悼式典では、氷河があった場所に銘板を設置、そこには次の様な「未来への手紙」が刻まれていた。なかなか意味深長なメッセージである。

> **未来への手紙**（注：筆者による仮訳）
>
> オクヨークトルは、アイスランドで初めて氷河という肩書きを失った氷河です。今後200年間で、この国の全ての氷河が同じ道を辿ると考えられています。このモニュメントは、私達が、今何が起きていて、今何をすべきなのかを知っているということを認めるものです。私達がなすべきことをしたかどうかは、未来のあなた方にしか知りえませんが。
>
> 2019年8月

国土が地下から湧き上がり東西に広がり 「2大陸をまたぐ橋」がある国

　既述の通り、アイスランドは海底の山脈である大西洋中央海嶺の一部が海面上に露出して出来た島という珍しい場所にある。

　もう少し詳しく説明すると、大西洋の中央部には「大西洋中央海嶺」という海底山脈が南北に何千kmも連なっているが、その山脈は地球の深部からマントル（固体）が上昇し、マグマ（液体）が左右に湧き出ることによって作られる。そして左右に新たに作られた平地が「プレート」と呼ばれ、西側（左側）に北米プレートが、そして東側（右側）にユーラシア・プレートが、それぞれ年間数cmの速度で左右に移動し、結果的に国土を拡大させている（図2）。

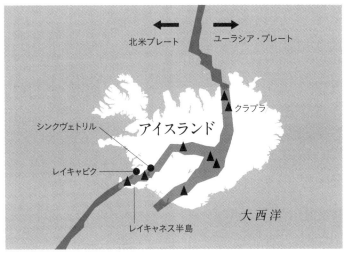

図2 ｜ USGS 北米プレート、ユーラシア・プレート

　実際、国土地理局は全国250ヶ所に観測ポイントを設け、その動きをGPSでモニターしているが、数年前に発表された観測結果では、ユーラシア・プレートと北米プレートがそれぞれ東西に移動することによる新たな陸地の形成は、年間数cm程度とのことである。

　この大地の裂け目ともいうべき中央海嶺の地上部分は、アイスランド島を南西方向から北東方向に貫いており、南西部のレイキャネス半島や、レイキャビクから北東へ約40kmの位置にあるシンクヴェトリル国立公園（世界遺産）等で、溶岩で出来た切り立った断崖とその間の溶岩台地といった形で、実際に目にすることが出来る（巻頭カラー写真参照）。特に、前

写真2｜2大陸をまたぐ橋

者では、北米プレートとユーラシア・プレートがまさに両側に広がっていく裂け目の部分に「2大陸をまたぐ橋」（写真2）がかかっており、以前はこの橋を渡ると「2大陸横断証明書」なるものを発行して貰えたそうだ。

ヨーロッパの空港を閉鎖に追い込んだ
キャスター泣かせの火山がある国

　アイスランドの火山噴火は歴史的にも何度か世界に大きな影響を与えている。1783年から始まったラキ火山（Lakagígar）による噴火は、当時の国内人口の4分の1を死に至らしめたとされるが、その影響はヨーロッパ全体にまで天候不順や異

常気象をもたらし、フランス革命の遠因になったとも言われ
ている。

近年では2010年4月に南部のエイヤフィヤトラヨークト
ル火山が噴火（写真3）し、その噴煙の影響で多くの航空路線
が運転停止となり欧州の空路に大混乱を招いた。折しもアイ
スランドが欧州にまで影響を与えた金融危機を経験した後だ
った為、メディアは「cash, not ash」（灰ではなく金を）との見
出しで大きく報じた。

この噴火は、地元には大きな被害はもたらさなかったもの
の、9000m上空にまで達したその噴煙が灰雲を生み、4月
15日から21日にかけてヨーロッパ空域及び空港の大部分を

写真3 | 噴火するエイヤフィヤトラヨークトル火山

閉鎖に至らしめた。その結果、ヨーロッパから域外への、域外からヨーロッパへの航空便も大規模にキャンセルされ、第二次世界大戦以後の航空運行の混乱としては、最もひどい状況を引き起こしたとされる。

　また、この噴火のニュースは世界中を駆け巡ったのだが、この火山の名称、エイヤフィヤトラヨークトルのアイスランド語表記がEyjafjallajökullというもので、発音が非常に難しく、「32万人のアイスランド国民以外は誰も正確に発音できない！」ということでも話題になった。

　特にCNN等の欧米ニュース番組では、キャスターやアナウンサーが火山名を正確に発音することが出来ない為、単に「アイスランドの火山が噴火」とか、「アイスランドのE15火山が噴火」と報道していたという。「E15火山」というのは、「Eの後に15文字アルファベットが続く火山」という略称だったらしい。因みに、「エイヤ」(eyja) はアイスランド語で「島（島々の）」を、「フィヤトラ」(fjalla) は「山（山々の）」を、「ヨークトル」(jökull) は「氷河」を意味する。

　また一方では、この噴火とヨーロッパ各地の空港閉鎖騒動に伴い、世界中のマスメディアが「アイスランドってどんな国だ？」といった報道を続けたことが、アイスランドへの観光ブームの文字通り「火付け役」になったことも確かで、2010年当時50万人しかなかった海外からの旅行者数が、2018年には230万人と、5倍近くに増える結果につながった。

　尚、最近では2021年3月に首都レイキャビクの南西にあるレイキャネス半島のファグラダルスフィヤル火山とその周辺から溶岩の噴出が始まり、場所を徐々に移しながらも2024年2月現在までその活動が続いている（巻頭カラー写真参照）。800年振りとも言われる同地での噴火は長期戦の様相を呈しているが、後述するブルーラグーンや地熱発電所にも近いだけに、被害が最小限に止まるよう祈りたい。

氷河とオーロラが世界で一番容易に見られる国

　世界に目を向ければ、巨大氷河は南極大陸やグリーンラン

写真4 | 氷河の末端に立つ筆者

ド、アラスカ、パタゴニア、ニュージーランド等で、またオーロラについても、同様に極地に近い国々で見られるのだが、いずれもそれらを実際に目にする為には、市街地や繁華街から離れた遠隔地に行く必要がある。

　一方で、アイスランドではオーロラはレイキャビク市の街中でも見られるし、巨大氷河も交通量の多い幹線道路（国道）から容易に見られるばかりか、そこから数百ｍ歩くだけで氷河の末端まで到達出来る（写真4）。つまり世界で最も容易に氷河もオーロラも見られる国なのだ。オーロラについては、後述「気象庁が毎日オーロラ予報を出している国」もご参照。

COFFEE　BREAK

ヨークルスアゥルロゥン氷河湖

　レイキャビクからリングロード（巻頭カラー写真参照）と呼ばれる国道１号線を半時計回りに380km、車で５時間前後走ると「ヨークルスアゥルロゥン湖 the Glacier Lagoon of Jökulsárlón」という、氷塊が漂う氷河湖に到着する。

　アイスランドの南東部には巨大な氷河が幾つかあるが、最大のものが既述のヴァトナヨークトル氷河で、そこから分かれたブレイザメルクルヨークトル氷河（Breiðamerkurjökull）の先端から溶け出した水が湖を作り、そこに氷塊が漂う景観を作り出しているのがこの氷河湖。この難解な名前の意味は「氷河の川の湖」。

　この湖が形成された原因は、やはり温暖化による氷河の

後退で、1935年頃から後退によって出来た谷に水や氷塊が
たまり始め、やがて現在の様な湖になったとされる。氷河
の重みに地面がえぐられた跡に出来た湖である為、その深
さは最深部で248m、現在の面積は18km²（東京ディズニー
ランドとディズニーシーの合計面積の18倍）だが、年々拡大して
いる（1970年代と比べると既に面積は4倍になっている）。

　大人気の観光地で、眼前に広がる様々な形と色の氷塊の
美しい光景には、暫し時を忘れるほどだ（巻頭カラー写真参照）。

大噴火からの奇跡の脱出劇、ウエストマン諸島ヘイマエイ島がある国

　ウエストマン諸島（Vestmannaeyjar）は、アイスランド本土
南海岸の沖合10kmに位置する15の島と30以上もの小島や
岩礁からなる群島だ（図3）。

　この群島は過去数千年にわたる海底火山の爆発によって作
られたもので、特徴的なのは、島々が一直線上にきれいに並
んでいること（写真5）。

　このラインは本土のエイヤフィヤトラヨークトル火山、カ
トラ火山といった嘗て大噴火を繰り返してきた火山群がその
延長線上にあり、まさに、ユーラシア・プレートと北米プレ
ートの裂け目の上に、火山や火山で出来た島々が並んでいる
様子が一目瞭然の場所でもある。

　群島の中では、ヘイマエイ島（Heimaey、「家のある島」の意）

図3│ウエストマン諸島の位置

写真5│一直線上に並ぶ島々

のみ人が住んでいるが、その歴史は、ヴァイキングのアイスランドへの入植が始まる874年に先立つと言われ、実際に考古学者によって800年頃にノルウェー人修道士と思われる渡来人によって建てられた住居跡が発見されている。名前の由来は、「西洋から来た修道士が最初に定住した島」だから「西洋人（ウエストマン）の群島」と名付けられたと言われる。

レイキャビクからは、空路で25分、陸路・カーフェリー利用の場合には2時間半程度でヘイマエイ島に到着する。島の面積は13.4 km²（＝1340ヘクタール、東京ドーム286個分）で、2023年時点の人口は4135人。

この島を世界的に有名にしたのは、1973年1月に発生した大規模な火山噴火。この噴火の溶岩は住宅地にまで迫り、全家屋（1200軒）の内、3分の1に相当する400軒が焼失乃至は溶岩流に飲み込まれた。幸いにも5800人余りの当時の島民は、全員漁船で本島に避難し、死傷者は1人も出なかったが、噴火が最終的に鎮まった数ヶ月後には、町のほぼ半分が溶岩と火山灰ですっぽり覆われ、「現代版ポンペイ」としてその模様が世界に発信された（写真6）。

実際に大噴火を経験した人物に噴火時の様子を聞いたところ「当時は8歳で最初は何が起きているのかよく判らなかったが、家族や近所の人達の指示に従い、比較的落ちついて（本島に）避難出来た。噴火が始まったのは夜中の1時頃で、漁船に乗り避難したのは3時頃だった」と。

写真6｜現代版ポンペイ（出典：Westman Island Museum, Sigurgeir）

　実はこの奇跡の脱出劇が成功した背景には、噴火の数日前に暴風雨が吹き荒れ、島の漁船の殆どが港で足止めされており、それが島民の漁船による迅速な避難につながるという幸運に恵まれた経緯があったそうだ。

　その後、島を挙げて復旧活動に取り組み、以前と変わらない美しい町へと復興をとげ、今では風光明媚な観光地として人気を博している（写真7）。

　特に、島の西部の絶壁には800万羽とも言われるパフィンやウミガラスをはじめとする無数の海鳥の棲息地があり、バードウォッチングのメッカともなっているが、NHKの「ダーウィンが来た！」取材陣も、パフィンの生態を撮影する為、2007年7月にこの島に1ヶ月滞在したそうだ。

　ヘイマエイ島のもう一つの顔が、アイスランド最大の漁獲量を誇る天然港を擁する島であること。島には1946年に漁師達が協力して設立した漁業会社から発展した大手水産会社VSV社が居を構える。この島ではVSV社を中心にアイスランド全体の水産物輸出の10数％を水揚げし、VSV社が水揚げする魚の10％前後が日本向けに輸出されている。日本向けは、シシャモ、サバ、ニシン、ニシンの卵（数の子）等で、日本の大手水産会社とも長年にわたり緊密な関係を築いている。

　また、この島には幾つか興味深い史実もあるが、その一つが、今から400年近く前に発生した海外からの襲撃・誘拐事

写真7 ｜ 今の美しいヘイマエイ島（出典：Johann Oli Hilmarsson）

件だ。1627年、オスマン帝国傘下の海賊船3隻が同島を襲撃、237人もの島民がアフリカ北部のアルジェリアまで連れ去られ、そこで奴隷として売られたというもの。9年後に身代金の一部を支払い34人が島に戻ることが出来たが、その他大部分の島民は生涯帰国することはなかったという悲しい歴史だ。この事件以来、同様の外部からの襲撃に備える為、港に大砲が設置されることになり今日に至っている。

COFFEE BREAK

ヘイマエイ島へのフェリー乗船記

　筆者は3度ヘイマエイ島を訪問する機会に恵まれたが、その内の1度は、同国で大変親しくなった国会議員V氏が案内してくれた時だ。

写真8 | ヘイマエイ島へのフェリー

　当時65歳だったＶ氏は、28歳から35歳までの７年間を大手銀行の同島にある支店で過ごしたが、それは大噴火のあった丁度７年後で、若く使命感に燃える銀行員として、地元の人達と一緒になって島の復興に苦労を重ねたことが忘れがたい経験となったそうだ。また、自然に地元の人達とも深い関係を築くことが出来た為、それ以来、大のウエストマン諸島（ヘイマエイ島）ファンになったとのことだった。

　レイキャビクからヘイマエイ島までの移動ルートは、車でフェリーの発着港であるランドエイヤルホプン（Landeyja-höfn）港まで１時間40分（距離は130km）前後。フェリー乗り場に到着後、暫し待つとフェリーが到着（写真8）。船の名前はHerjólfurで、3354トン、全長70m、全幅16mの大きさだ。最大で乗客388人、自動車60台の積載が可能というこのフェリーの往復料金は、車込みの場合１人約5500円（2019年当時）。

　乗船するとＶ氏の先導で、一般客室ではなく、最上階にある操舵室へ連れて行かれた。勿論、一般客の入室は禁じられているのだが、船長が「甥」の様な関係ということで、歓迎され、結局下船するまでずっとそこで滞在することになった。

　船の頭脳・心臓部分である為、様々な計器類や通信関係の機械が詰まっていたが、船長と助手の操縦（？）は手慣れたもので、Ｖ氏との世間話が操舵中に止むことはなかった。船長に聞いたところ、海の深さは平均30〜40m、最深部が90mとのことだが、出入港時も含め殆ど全ての航行がコンピューターで行われている為、人間が操作する必要はなく、安全且つ快適な航行だと。

　約40分ほどのスムーズな航行で、ヘイマエイ島に到着した。

COFFEE BREAK

アイスランドのマスコット、パフィン

　アイスランドで最も愛らしい動物として親しまれており、お土産屋さんにも大量にぬいぐるみが並んでいるのがパフィンと呼ばれる海鳥だ。英語名は Atlantic Puffin、和名は"ニシツノメドリ"（写真9）。

　アイスランドを中心に北極圏からヨーロッパ北部、フェロー諸島等に分布する海鳥で、冬の間は北大西洋上で過ごし、4月末から8月末頃までの夏の間、アイスランド各地で営巣・産卵・子育てをするが、その中で最大の営巣地になっているのがヘイマエイ島だ。

　体長30cmほどだが、黄色・黒・オレンジに彩られた大きなくちばしと白と黒が基調の顔や胴体という派手でユニークな出で立ちで、左右に体を揺らしながら、よちよち歩く姿が何とも愛らしい。

写真9｜パフィン

　また、胸を打たれるのは、平均寿命が20〜30年と推定される中で、彼らは一度決めたパートナーと生涯一緒に添い遂げること。繁殖期になると何万という大群の中から、毎年同じパートナーを見つけ出し愛を育むのだそうだ。そんな夫婦愛の強さと可愛い見た目で、欧米では鳥類の写真撮影では欠かせぬ存在になっている。実際、筆者と同時期に某国大使を務めていたA氏は、ソニーのプロ用デジタル・カメラで毎年数千枚に及ぶパフィンの写真を撮っていた。

COFFEE BREAK

ヘイマエイ島での野外音楽フェス

　8月の最初の月曜日は「商人の週末」(Verslunarmannahelgin)と呼ばれる休日になっているが、この週末にはアイスランド各地で多くの祝賀行事やお祭りが行われる。その中で最も大きく有名なものが、ヘイマエイ島で行われる "Þjóðhátíð"（意味は「国民のお祭り」）と呼ばれる野外音楽フェスだ。

　金曜日から月曜日までノン・ストップで行われるこのお祭りには（人口4000人強の島に）毎年1万数千人の本土（や海外）からの旅行客が殺到する為、通常の宿泊施設ではとても間に合わず、白いテント群が会場脇に設営されることになる（写真10）。

　何故小さなヘイマエイ島でアイスランド最大の野外フェスが行われる様になったのか？　今から150年ほど前の1874年に、国を挙げての「建国千年行事」（ヴァイキングの定

住が始まったのが既述の874年）をレイキャビクで行う際、ヘイマエイ島の住民の多くもレイキャビクに向かおうとしたが、悪天候の為本土に向かう船が出航出来ず、仕方なく島に取り残された住民だけで、小さなパーティを開いたことが始まりとされ、以降、毎年その規模が徐々に拡大、今日の「アイスランド最大」と言われる規模に達したもの。

　ヘイマエイ島を訪問した際に、「島の人達は、歌好きのアイスランド人の中でも、とりわけ歌好きだ」と聞いたことも、フェスの巨大化に関係しているのかも知れない。期間中は昼夜の区別なくノン・ストップで音楽が演奏されるが、歌の他にも、花火や、京都の大文字焼きの様な巨大なかがり火も披露される。そしてフィナーレを飾るのは、国民的人気歌手で、アイスランドのフォークソングから最新のヒット曲まで、会場の参加者全員と一緒に歌いあげていく。

写真10｜音楽フェス時の白いテント群（出典：Oskar Fridkriksson）

白夜と極夜が美しい国

　北極圏に近いアイスランドでは、夏に太陽が沈まない、或いは短時間沈んでも暗くならない「白夜」（Midnight Sun）という現象が起こる。反対に冬には日照時間が極端に短くなり、冬至には4時間前後の日照時間となる。これは極夜（Polar Night）と呼ばれる。

　日照時間が最も長いのは夏至の6月21日前後。この日、レイキャビクでは午前0時少し前に日が沈み、午前3時前には日の出となる。この日、太陽はほぼ北の方角（正確には「かなり北寄りの東の空」）から昇り、東、南、西の空に順に移動し、最後にまた北（北寄りの西の空）に沈んでいき、そしてまたすぐに朝焼けの後、地平線から昇ってくる。この白夜や白夜に

写真11 ｜ 真夜中の寝室

近い状態は3ヶ月近く続く。

　この時期の真夜中頃の西日（北寄りの西日）は強烈で、窓にかなりぶ厚いカーテンを掛けていても、寝室が明る過ぎてなかなか寝付けない状態になる為（写真11）、睡眠不足に悩まされる人も多い。鈍感力には多少自信を持っていた筆者の実感としても、寝室の明るさに加えて、午前3時頃から始まる小鳥のさえずりの音も相当なもので、慣れるまではなかなか熟睡出来なかった。

　しかし白夜にも利点がある。とにかく暗くならない為、仕事が終わった後にでもスポーツや観光を楽しめることだ。その為か、夏のアイスランドは多くの観光客で賑わう季節になる。体力に自信のある方には、昼間の喧騒を避け、人の少なくなる夜の時間を狙って旅することも一考に値する。また、この時期には世界各地から愛好家が集まる「ミッドナイト・ゴルフ大会」や「ミッドナイト音楽祭」といった行事も開かれる。

　逆に、極夜となる冬には、数時間の日照時間があるだけだ。日照時間が最も短い冬至（12月21日前後）には、レイキャビクの日の出は午前11時半頃、日の入りは午後3時半頃となる。真っ暗な朝、オフィスに出勤し、昼休み前に漸く太陽が地平線から顔を出し、地平線を這う様に移動して、4時間後にはまた沈んでいく。それでもまだレイキャビク市内は良い方で、北部の山間部では、冬季の3ヶ月間（太陽の高度が周囲の山より

写真12 | 朝焼け

低い為）全く太陽のない生活を強いられる町もある。

　ただ、暗い極夜の時期だからこそ輝きが増すものもある。オーロラもその一つだが、この時期の朝焼けと夕焼けの美しさもまた格別だ。日の出や日の入りの前後には、大空をオレンジや赤、紫等の美しい色でゆっくりと鮮やかに染め上げてくれる（写真12）。クリスマス前後の派手で明るいイルミネーションも、周囲の暗さに抗う市民の楽しみなのだろう。

絶景密度が高い絶景だらけの国

「火山と氷河が作り出す絶景だらけの奇跡の国、アイスランド」。これは旅行会社のパンフレット等でよく目にするフレーズだ。実際、「世界で最も美しい国」「一生に一度は訪ねて

みたい国」といったランキングでは必ず上位にランクされる。

　日本を含め世界には数多くの絶景スポットがあるが、それらの国とアイスランドの絶景にはどんな違いがあるのだろうか。この問いに正確に答えることは難しいのだが、アイスランドの絶景に幾つかの特徴があることは確かだ。

　その一つは、やはり、壮大で圧倒的なスケールの自然美だ。巨大氷河や莫大な水量で眼前に迫ってくる巨大な滝の数々、そして夜空を舞う神秘的なオーロラ。これらのスケール感や放出されるエネルギー感は、通常のカメラやビデオでは到底捉えきれない。

　実際に現場で見て体感する必要があるのだが、その大自然を手の届くほどの間近で見られる、感じられることもアイスランドならではと言える。既述の通り、氷河はその末端まで容易に近づけるし、氷河内部に入ることも出来る。巨大な滝も柵やロープで接近が制限されている場所は少なく、自己責任で間近まで行ける。神秘的なオーロラも運が良ければ街中で見ることも可能だ。

　そして最大の特徴が、有名な観光スポットだけでなく、国中に無数の絶景が点在していること、換言すれば人口密度ならぬ「絶景密度」が極めて高いことだ。車でリングロードと呼ばれる国土周回道路（国道1号線）をドライブすれば、緑豊かな牧草地とそこで放牧される羊や馬、漆黒のビーチと海に点在する奇岩群、巨大氷河とエメラルド色の輝きを放つ氷の

洞窟、氷河湖に浮かぶ青白い氷塊、神々しいフィヨルドの山並みと海岸線、絵画から抜け出した様な牧歌的な村や町、湖や海岸を埋め尽くす野鳥群、等々、様々な絶景が次々と現れる。

　また、同じ場所であっても、季節によって全く異なる佇まいを見せてくれることも特徴的だ。実際、現地で出版されている写真集の中には、同じ場所を夏と冬に撮影したものを対比しているものがあるほど。さらに言えば、気候の不安定な冬には、一日の中でも刻々と変わった表情を見せてくれる。牧歌的な好天の風景が続いたかと思えば、急に雨やみぞれに見舞われ、寂寞（せきばく）とした風景に急転したりする。厳しく神秘的な自然の力を文字通り体感出来る国なのだ。

将来、北極圏から外れてしまう国

　アイスランドは「北極圏の国」だと言われている。北極圏（Arctic Region）というのは、北緯66度33分以北の地域、即ち、地球上で北緯66度33分を結んだ北極線（Arctic Circle）より北側の地域を指すのだが、世界中で国土が（一部でも）北極圏内にあるのは、フィンランド、スウェーデン、ノルウェー、ロシア、米国、カナダ、グリーンランド、アイスランドの8ヶ国しかない。

　アイスランドの場合、首都のレイキャビクは北緯約64度である他、国土の殆どが北緯63〜66度の範囲にある為、ぎ

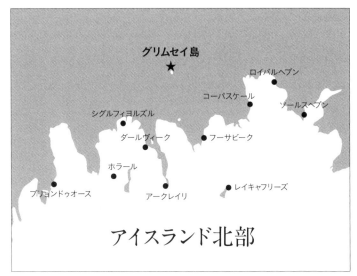

図4｜グリムセイ島の位置

りぎり北極圏外なのだが、唯一、本土から北へ約40kmの北極海上に浮かぶグリムセイ島（Grímsey Island）を北極線が通過している為、国全体としては北極圏内なのだ（図4）。

　グリムセイ島は、行政上は北部のアークレイリ（Akureyri）市の一部で、アクセス手段は、同市から週3便運航する国内（航空）便で約30分、或いは、北部ダールヴィーク（Dalvík）市からやはり週3便のフェリーで約3時間を要する。

　面積は5.3km²、最高点は105m、島の人口は100名弱で住民の大半が漁業に従事している。11世紀に建てられた教会はあるが、病院はなく、3週間に一度、医師が飛行機で診

察にやってくるそうだ。2軒のゲストハウスと呼ばれるミニ・ホテルを含め、島内には商業施設と言えるものはカフェ、レストラン、スーパーマーケット（コンビニ）、郵便局、ガソリンスタンドしかなく、バス等の公共交通機関もタクシーもない為、フェリーに車を積んでこない限り、旅行者は徒歩で移動するしかない。

　主要産業は漁業だが、天敵がいない為100万羽はいると言われるパフィンを中心とする海鳥と、冬のオーロラをはじめとする絶景、さらには航空会社やゲストハウスで発行して貰える「北極圏到達証明書」を求めて、観光客も増加中だ。

　旅行記や旅行ガイドを読むと、空港から出て北に進むと、すぐに北極線を示したモニュメント（7トンのコンクリート製の球体）を見つけることができ、旅行者の定番の写真撮影スポットになっている様だ。因みに、そこでは世界各地への距離が示されており、首都レイキャビクまでは直線距離で325km、東京までは8494kmとのこと。

　筆者もアイスランド滞在中に是非現地を訪れたいと考えていたが、結局訪問機会を逸してしまった。気になるのは、以前目にしたレポート[(4)]で、それによると、グリムセイ島を通過する北極線が、1年あたり14.5mの割合で北に移動しており、2047年にはグリムセイ島の北端から離れてしまう、つまり北極圏外になってしまうということである。

　北極線の位置は赤道傾斜角で決まるが、この赤道傾斜角が

月の引力による潮汐力等により長周期で変化する為、北極点・北極線の位置も徐々に移動するのだ。2047年にアイスランドの国土が全て北極線の南に位置することになれば、その時点でもはや「北極圏の国」ではなくなってしまうのであろうか？

森らしい森がなくなった国

アイスランドのジョークの中に、「アイスランドの森で迷子になったらどうすべきか？」「立ち上がればいい！」というのがある。その背景には、森と言えるほど樹木が生い茂った場所が極めて少なく、樹木があっても低木が多く、見晴らしが良いので迷子になり得ない、といった事情がある。

実際、アイスランドは欧州で最も森林の少ない国と言われる。その理由として、地質学的に、国土誕生（海底火山が隆起し陸地を生み出して）から1600万年（地球誕生は46億年前）しか経っていない若い土地ゆえ森林が育つ充分な環境が整っていない、厳しい気候に加え活発な火山活動の影響で、火山灰や溶岩が植生をすぐに覆ってしまう、といった説明をしばしば受ける。

しかし、実際にはこれらは誇張され過ぎで、現在のアイスランドには森と言える場所もない訳ではない。実際、政府の森林サービス局（Icelandic Forest Service）によれば現在26の森林が国内で指定・保護されている。また歴史的には、9世紀

後半にヴァイキングが入植するまでは、国土の35％が森林で覆われていたとも言われ、それを裏付ける証拠も出てきつつある。

　数年前に、国内最大の氷河、ヴァトナヨークトル氷河の近くから、3000年前の「木の切り株」が発見されたのだ[5]。長く氷河に覆われていたお陰で、保存状態は極めて良く、周辺の地質調査結果も踏まえると、3000年前当時、アイスランド国土は森林で覆われていたとのことだ。

　専門家によれば、ヴァイキングの入植から始まり、その後人口増加が進むにつれ、薪の利用、鉄の生産の為の木炭の利用、牧畜の為の火入れ、羊の飼料としての葉の利用、等々によって森林の伐採が進み、結果的に1990年時点の国土の森林率は1％を下回り、今では僅か0.3％にまで縮小している。

　政府はおよそ100年前から森林を再生させるべく植樹・植林を推進してきたが、100年間で植樹出来たのは国土全体の0.4％程度で、この調子で今世紀末まで継続しても、せいぜい4〜5％程度に止まるだろうと予測されている。特に難しいのは、アイスランドの土壌には窒素含有量が少ない為肥沃化がなかなか進まず、木々の成長速度も極めて遅い様だ。自然を再生することが如何に難しいことか！

　因みに、筆者が駐在中、東部アイスランドに出張した際に、エイイルススタジール（Egilsstaðir）の近郊で国内最大規模の樺（カバ）の森林地帯を目にしたことがある。樺と言えば、

著名歌手のビョークの名前は、アイスランド語で「カバの木」を意味し、彼女自身も、自然を復活させる為の懸命な植林活動を行っているそうだ。

COFFEE BREAK

夏を青紫色に染め上げるルピナスの花

　他の欧州諸国と比較すると格段に植生に乏しいアイスランドだが、夏の景色を美しい青・紫に染め上げてくれる花がある。その名はルピナス（Lupinus）。日本語名はハウチワマメ。また、花の様子がフジに似ており、花が下から咲き上がる為、ノボリフジ（昇藤）とも呼ばれるそうだ。

写真13　咲き誇るルピナス

　アイスランドでは古くから植物学者が、どんな木や植物・花が低温の気候の下でよく育つか研究を重ねており、ルピナスは1945年に当時の林野庁関係者がアラスカの氷河地域から種を輸入し栽培を始めたところ、あっという間に全土に広まった由。

　土壌侵食を防いだり、土壌を固めてくれる効果がある為、幹線道路沿いに特に多く見られる。もともとモノトーンな荒野だった場所を、6月〜7月の間、青・紫の美しい花畑に変容させてくれるのはなかなかの眺めであり、個人的にも一面が青紫の花で埋め尽くされる風景に夏の到来を実感していたものだ（写真13）。

　一方で、その驚異的な繁殖力の強さの為に、成長の遅いアイスランドの在来種を駆逐しつつあることが、自然・環境専門家の間で問題になりつつある。以前の新聞報道で、アイスランド北部のフーサ・ヴィーク（Húsavík）での「ルピナス繁殖阻止計画」について具体的な取組み等が紹介されていた。筆者の様な素人には繁殖に伴う「実害」がよく判らないが、専門家曰く「アイスランドでは5500種の野生植物が確認されており、寒い気候ながらも短い夏に一斉に成長し花を咲かせているその在来植物達を守ることが重要なのだ」と。

　いずれにしても、アイスランドを夏に旅行される際には、特に6月の上旬から7月下旬までの間であれば、このルピナスの群生の鮮やかな風景を堪能できる筈だ。

第 2 章

気候

首都の冬が北海道や東北地方より暖かい国

アイスランドは北極圏という高緯度にありながら、近くを流れる暖流（メキシコ湾流）のお陰で、夏は比較的温暖な気候に恵まれ、平地であれば冬であっても－10度を超える様な極端な寒さに見舞われることは先ずない。

以下、アイスランドの四季について説明するが、実は四季を月別で区分するのはなかなか難しい。9世紀にヴァイキングが入植した頃から19世紀まで使われていた古いカレンダーによれば、4月下旬から10月下旬までが「夏」（Sumar）で、それ以外は「冬」（Vetur）とされ、春や秋は存在しないからだ。

生活実感としても頷けない訳ではない。とはいえ、微妙な気温や植生の変化から敢えて四季を区分すると、春は4月～5月、夏は6月～8月、秋は9月～10月、冬は11月～3月になると思う。

春

4～5月の2ヶ月間が一般的に春とされる。実際、4月上旬には（暗く厳しい冬の気候から変わり）終日快晴の好天に恵まれ、春の到来を実感する日が多くなる。この頃には、草花も新芽を芽吹かせ、気象庁も正式に春到来宣言を出すことが多い。

但し、最低気温の平均・最高気温の平均で見ると、4月は1度と6度、5月が4度と10度前後なので、日本の感覚とは

かなり異なるし、現地で暮らしていると、この頃の気候には
冬・春・夏が同居しているのではないかと不思議な気持ちに
なることもある。

　例えば、4月であっても、冬の象徴とも言える「降雪」に
驚かされることがあるかと思えば、4月下旬に「夏の始まり
の日（First Day of Summer）」という祝日が設定されていたり
する。既述の通り、ヴァイキング時代の暦では、1年が冬と
夏の2シーズンに分けられ、夏の始まりは「4月11日（聖ス
タニスラオ司教殉教者の記念日）の後の第二木曜日」と定められ
ていた為だ。この伝統に則り、1971年以降、毎年「夏の始
まりの日」を祝日と定め、国中でパレードをはじめとする祝
賀行事が開催される様になっている。

　いったいいつが本当の「春」なのか、アイスランド人に尋
ねると、以下の様な回答が返ってきた。

「やはり4〜5月の2ヶ月間だろう。4月に降雪があってもそ
れは例外的なもので、数日以内に雪は消えてしまうし、暦の
上では確かに4月後半に夏の始まりの日が来るのだが、これ
は到来する夏を待ち望む気持ちを祝うもの。実際に夏を体感
するのは、少なくても気温が10度を超える6月以降ゆえ、4
〜5月はまさに『春』と呼ぶべきなのだ」

夏

　夏は6月〜8月の3ヶ月間とされ、各月の最低気温の平均・

最高気温の平均は、6月が7度と12度、7月は9度と14度、8月は8度と14度。

この時期には白夜乃至白夜に近い日照時間となる為、気温もおのずと上昇、気持ちの良い晴天が多くなる。実例を挙げると、2019年6月1日は、気温が最低6度〜最高12度で天気は快晴。日の出は03：21、日の入りは23：30だった。

この時期の最高気温は通常15度前後で、日本で言えば春や秋の感覚。通常、野外で半袖を着るほどの暑さにはならないのだが、年に1〜2度は猛暑に恵まれる（？）こともある。筆者の駐在中に限っても、2017年の7月には北部の町で27.7度、レイキャビク市内で21.6度、翌2018年7月には、やはり北部ウェスト・フィヨルド地域で24.7度、レイキャビク市でも23.5度を記録した。

通常でも好天に恵まれた日には、貴重な太陽を求めて、屋外でのバーベキューや市内の温水プール等に人が殺到するのだが、これに猛暑（？）が加わると、その熱気は頂点に達する。平日であっても政府や民間のオフィスでは、好天を楽しむ為に「（偽りの）疾病休暇取得者が異常なほど増え、職員が激減した」と新聞報道されるほどだ。

因みに、歴史を紐解くと、1940年9月24日に36度、1939年6月22日に30.5度、等、30度を超えたのは過去合計で6回記録されている由。信じ難い数字だが、この内の2回はその正確性に疑問が持たれているそうだ。

　いずれにしても、比較的穏やかな好天に恵まれる筈の夏ではあるが、最近は上空のジェット気流の蛇行の影響で、年ごとの変化も大きくなっている。筆者の実体験で言えば、2017年と2018年の夏はいずれも曇天・雨天が多く、日照時間が例年の3分の1程度で、平均気温も1〜2度低かった。

　一方で、2019年には5月の中旬から6月末まで6週間連続で晴天が続いた。この時はさすがに各地で干ばつや水不足が懸念され、市民からも「晴天もこれだけ長く続くとうんざりする。早く雨が降って欲しい」と嘆く人が出たほどだった。

秋

　秋に相当するのが9月と10月だ。最低気温の平均・最高気温の平均は、9月が6度と11度、10月が3度と7度と、日本人の感覚ではぐっと寒くなるが、日照時間もまだ極端に短くなく、天気も比較的穏やか、且つオーロラも見え始める時期である為、ある意味で絶好の旅行シーズンとも言える。

　特に9月は紅葉のシーズンで、人気観光スポットであるシンクヴェトリル国立公園やフロインフォッサルの滝等で美しい紅葉を見ることができる。また、レイキャビク国際映画祭や音楽祭等の芸術活動が活発になるのもこの時期。

冬

　長い冬は11月に始まり、翌年3月まで続く。この時期の

最低気温の平均・最高気温の平均は、11月が0度と4度、12月が−1度と2度、1月と2月がいずれも−2度と2度、3月が−1度と4度。

　特に最低気温の平均が最も寒い1〜2月でも−2度と、日本の東北や北海道と比較してもかなり暖かいことに驚かされる。勿論、高地や氷河の近くでは、−10度や時には−20度まで下がることもあるが、首都周辺の平地で生活している限りはそこまでの寒さを体験することはない。因みに、筆者の駐在中、レイキャビク市内で最も気温が下がったのは、2019年12月13日で、最低が−13度、最高でも−7度という例外的な寒さだった。

▌「風の状態」を表す言葉が156語もある国 ▌

　既述の通り、冬でも極端に寒くなることはないが、その冬に悩まされるのが強風だ。そのメカニズムは、暖流のメキシコ湾流がアメリカ東岸に沿って北上し大西洋北端にまで達する一方、北極圏から流れ出す寒気流がこの暖かい海水から熱と水蒸気を得て、アイスランド付近で強い低気圧を発達させる現象が特に冬季に多い為だ。これを気象用語では「アイスランド低気圧」と言い、この低気圧が雨や強風をもたらすことになる。

　平時でも傘が使えないほどの強風に悩まされるのが冬だが、特に強力な低気圧が接近すると風速（秒速）40〜50mの暴風

雨に見舞われることがある。実際、一冬の間に、気象庁から「暴風雨警報」が複数回発出されることがあるし、そんな時には、地元の消防局と警察から「学校児童の単独下校は危険ゆえ、両親が迎えに行く様に」といった指導が出される。

　最も驚いたのは、2018年の冬にケプラヴィーク国際空港に駐機してあったボーイング757型機（200〜300人乗り）が、強風で半回転してしまったこと。100トン余りもの重量がある航空機が、風の力で半回転してしまうのだから恐ろしい！

　加えて、冬季の天気の特徴は、「とにかく目まぐるしく変わる」ことだ。有名なジョークに「アイスランドで天候を憂いたり喜んだりしても仕方がない。15分待てば変わっているのだから」というのがあるが、あながちジョークではないことが現地では実感できる。日ごとに変わるのは勿論だが、一日の中でも吹雪の様な降雪で視界がゼロになる状態が30分ほど続いたかと思えば、突然太陽が顔を出したり、また曇ったりと、目まぐるしく変化する。

　因みに、アイスランド語には、微風・疾風・旋風等、「風の状態」を表す言葉が156語あるというから驚きだ[6]。文字通り、風と共に生きてきたアイスランド人の知恵なのだろう。

雨でも傘をささない国

冬は雨も多い季節だが、筆者は滞在中に街中で傘をさしているアイスランド人を見たことがなかった。かなり強い雨の中でもそのまま濡れながら、或いはコートのフードをかぶって歩いていた。職場のアイスランド人スタッフ（男性）に尋ねてみると、「傘なんか使ったことがない。風が強いので役に立たないし、だいたい傘を使うなんて女々しくてみっともない！」との回答。それでも時折、街中で傘を使っている人を見かけることがあったのだが、よく見ると外国人の旅行者だった。

冬は既述の通り強風の日が多く、傘を使うことが難しいことも確かだが、「風は弱いが雨は強い」状況でもこの習慣には変わりがない。女性も同様である。しかも、如何にも「レインコート」的なものは着ておらず、普段着のジャケットそのものが防寒・撥水加工とフード付きのものなのだ。

筆者も当初は日本から携行した傘を使用していたが、「みっともない」との回答を得てからは、66° North という現地のアウトドアウエア・ショップでフード付きのダウンジャケットを買い、使い始めることにしたところ極めて快適で、「これで自分もアイスランド人の仲間入りだ！」と呟いていた（笑）。

ウインタースポーツが盛んになるほどの 降雪量がない国

　降雪については、10月下旬頃から始まるのが一般的だが、毎日降る訳ではない。レイキャビクの月別降雪頻度・積雪量（cm）については、次の様な統計がある。[7]

10月	11月	12月	1月	2月
1日未満・0.3	3.9日・1.7	6.3日・6.1	7.4日・6.3	6.8・4.5

　この統計からも判るように、また実感としても「雪は時々降るが普通は数日で溶けてしまう」のが通常なのだ。実際、アイスランドではスキーやスケート、スノーボード等はそれほどポピュラーなスポーツではない。その理由は、これらのスポーツが安定的に楽しめるほどの降雪や積雪がないからだ。

　もちろん、レイキャビクでも時には連日零下の気温と降雪が続き、積もった雪がなかなか溶けないこともあるし、内陸の高原地帯や高緯度且つ山間のウェスト・フィヨルド地方等では、冬はシーズンを通じて積雪も多く、道路も凍結等で閉鎖され、孤立してしまう村もあるほどだ。従って、国全体としてはかなりの降雪があるのだが、人口が密集する南部の沿岸地域ではそれほどでもない、というのが実態だ。

　また、スキー愛好者も少なくはないが、彼らの多くはスイスや米国・カナダのスキーリゾートに出かけることが多い。

驚かされたのは、「スキー通」の間では、北海道のふかふか
とした柔らかいパウダー・スノーが有名且つ大人気で、「近
い内に必ず北海道に行く！」という人が意外に多かったことだ。

気象庁が毎日オーロラ予報を出している国

アイスランドを訪問する外国人観光客のピークシーズンは、
気候も良く白夜で活動時間も長い「夏」なのだが、日本人観
光客は夏よりも冬に来ることが多く、現地の観光業界からは
閑散期の救世主（？）として歓迎されている。オーロラを見
る為だ（巻頭カラー写真参照）。

オーロラは冬にだけ起きる現象ではないのだが、夏場は日
照時間が極端に長い白夜となる為、明る過ぎて地上からオー
ロラを見ることはほぼ不可能なのだ。オーロラが出現する仕
組みは、太陽から噴き出された太陽風（電気を帯びた粒子）が、
地球の磁場に捉えられ、磁力線に沿って極地方に降り注ぎ、
高層大気にある原子や分子に猛スピードで衝突する際に作り
出される光だそうで、北極や南極の周辺（より正確に言うと緯
度65度から70度のドーナツ状の領域）でよく見られるという。
丁度、北緯65度前後に位置するアイスランドは絶好の位置
なのだ。

もちろん、高緯度にあるノルウェーやアラスカ等でもオー
ロラは見られる訳だが、これらの国では、かなり人里離れた
極寒の地まで行かないと見られない様で、冬でも比較的暖か

いレイキャビク市内でも見られるアイスランドはかなり優位性があると言われていることは記述の通り。

　従って、夜一定の暗さになる9月から4月初旬のほぼ8ヶ月の間、雲さえなければ、そこそこ高い確率でオーロラが見られるのである。因みに、アイスランドの気象庁では、毎日オーロラ予報を出している。オーロラが見られる可能性を0から9のスケールで表すもので、通常、3か4ぐらいで美しいオーロラが見られると言われる。

　但し、この「雲さえなければ」というのが、やっかいなポイントであることは確かで、冬場に1週間滞在しても1度も見られなかった旅行者もいるし、3泊4日の滞在で毎日見られたという人達もいる。

　筆者が滞在中最も鮮やかなオーロラを市内で見たのは、2017年11月8日で、当日のオーロラ予報の数字は「5」、大規模且つ鮮やかなその姿は翌日の新聞に写真付きで掲載されていた。

　因みに、東京の立川にある国立極地研究所は、アイスランド大学との共同でアイスランドに4つの観測点を持ち、南極の昭和基地と呼応したオーロラの観測を10年以上にわたり続けていた。たまたま南極の昭和基地と、アイスランドのとある地域が、一本の磁力線でつながる時期が続いた為、約2万kmも離れた地点で同じオーロラを見るという観測活動が意義深いものになるというから、日本（昭和基地）とアイス

ランドとの不思議な「縁」を感じてしまう。⁽⁸⁾

　余談だが、アイスランドの観測所はレイキャビクから北へ130kmの小さな村の農家に設置されており、毎年のように日本人の観測隊が機器の整備・点検もかねて訪れていた由だが、空が晴れて暗くなりさえすれば毎晩のようにオーロラを見ることができる地元の人達にとっては、わざわざ日本から重い観測機材を運んでやってくる日本人達は極めて奇妙な存在に映ったらしい。

COFFEE ☕ BREAK

オーロラ観賞ツアー

　既述の通り、首都レイキャビクの街中でも運が良ければオーロラを見ることが出来るのだが、現地の旅行社が企画するオーロラ観賞ツアーでは、その確率を高める為、市内のホテルから郊外の観賞スポットまでバスで移動することが一般的だ（船によるツアーもある）。

　バスツアーの利点は、市内が雲で覆われている時でも、雲の切れ間を探して観賞スポットまで案内してくれること、専門のガイドがオーロラの撮影方法等も教えてくれること、そして悪天候でツアーが中止になった時や、ツアーに出かけてもオーロラが見られなかった場合には、無料で翌日以降に再チャレンジができる、という万全のサービス体制が整えられている。

日照(ビタミンD)不足解消の為、
国民の大多数が毎日肝油やサプリを飲む国

　既述の通り、冬のアイスランドでは、短時間空に太陽が昇っても、地平線を這う様な低い高度で移動する為、日照時間が極端に短くなる。平地でそうなのだから、周辺に山が迫っている場所では、一日中全く太陽が見られない日が続くことになる。特に、高緯度（北部）にある町や村ではそうで、例えば北部のシグルフィヨルズル（Siglufjörður）の町（人口3000人の漁村）では、毎年11月の中旬には太陽が完全に隠れ、何と2ヶ月半の間、暗闇の中での生活を強いられる。

　同地では2月上旬、2ヶ月半振りに空に昇った太陽を"sólar kaffi"（直訳すると"太陽のコーヒー"）として祝うという。同地では古くから、"sólarkaffi"の日には、住民が教会に集まり、歌を歌い、パンケーキを食べて太陽復活日を大々的に祝うそうであるが、その気持ちはとてもよく分かる！

　同地ほどではないにしても、冬にはアイスランド全体で極端な日照不足に陥ることは確かであり、筆者の様な外国人にとっては特に厳しい季節だった。地元の人はいくらか慣れているのだろうと思うと、そうでもない。極端な日照不足が心身に与える影響に慣れはないようで、殆どの人が肝油やビタミン剤を毎日服用しているし、休暇となると太陽を求めてスペイン南部や地中海等に旅行する人が多い。

　因みに、肝油はアイスランドの特産品とも言えるタラの肝臓から抽出されたものが最もポピュラーで、筆者も現地スーパーで最大手L社の肝油を購入、毎日服用していた。

COFFEE BREAK

アイスランド人だらけのテネリフェ島

　日照時間が極端に短くなる冬には、多くのアイスランド人が太陽を求めて地中海方面に休暇旅行に行く。この傾向は夏であっても不順な天候が続く時にも同様である。

　特に天候不順に悩まされた2017年の夏には、夏季休暇で南国のビーチ・リゾートに向かうフライトの予約が前年比50％も増えたほどだ。人気が高いのが、地中海方面で（ギリシャの南に浮かぶ）クレタ島やアフリカ大陸北西の大西洋上に浮かぶスペイン領の「カナリア諸島」。

　その中でも最も大きな島「テネリフェ島」は、「大西洋のハワイ」とも呼ばれ、世界的に人気が高いが、アイスランド人にとっても例外ではなく、知人のアイスランド人によれば、「街中、アイスランド人だらけだった！」とのこと。もちろん実際には、他国からの観光客も多かった筈だが、小規模な村社会でお互いを知る人達が極端に多い彼らの目にはまさに「アイスランド人だらけ」と映ったのであろう。

第 **3** 章

歴史

▌ 9世紀後半に入植したヴァイキングが建国した国 ▌

　歴史を紐解くと、アイスランドへの最初の永住者は、874年にノルウェーからやって来たインゴールヴル・アルナルソン（Ingólfur Arnarson）とその仲間達で、所謂ヴァイキングだ。

　ヴァイキングというと、海賊行為が専門の「略奪者」というイメージが強いが、実は、一部の勢力はヨーロッパ各地に移住し北フランスにノルマンディ公国を建設したり、その子孫はイングランド王になったりと、ヨーロッパの政治や、交易を通じた経済発展にかなり貢献した人達であった様だ。

　アルナルソンらは先ずレイキャビクに定住することになったが、何故レイキャビクが選ばれたのかが興味深い。当時のヴァイキングの慣習によれば、どこを定住地にするかは、船の上で家長の座る位置を示す木製のポールを海に投げ入れ、そのポールが漂流し漂着した場所とするのが決まりであったという。レイキャビクの場合も、ポールを島の南部から投げ入れたところ南西部の湾に漂着、定住地となったそうなのだ。

　こうしたアイスランド人のルーツは、近年のDNA調査によって科学的にも明らかになりつつある。興味深いのは、男性と女性とでかなり異なっているのだ。調査結果によると、男性の祖先の80％はノルウェーを中心とするスカンジナビア地方から来たノース人（＝ヴァイキング）で、残り20％はゲール人（アイルランド人やスコットランド人の祖先）である一方、

女性の祖先は37％がノース人、62％がゲール人となっている[9]。

　つまり、アイスランド人の祖先は全員がノルウェー方面からのノース人だった訳ではなく、ノース人がアイスランドへの航行の途中や、アイスランドからの遠征中に、スコットランドやアイルランドに立ち寄り、そこの人々を奴隷や妻としてアイスランドへ連れてきたものと考えられている。

コロンブスより500年早く北米大陸を発見・定住したヴァイキングがいた国

　アイスランド入植後のヴァイキングのその後を辿ると面白い事実に遭遇する。実は、アイスランドの西方に位置するグリーンランドを最初に発見したのもアイスランド人ヴァイキングなのだ。殺人の罪でアイスランドを一時追放された「赤毛のエイリーク」と呼ばれるヴァイキングが985年前後にグリーンランドを発見、最初の入植者になった。彼はこの地に入植希望者が多数現れることを願って「緑の土地＝グリーンランド」と名付けたとされる。

　また、このエイリークの息子、レイフ・エリクソンと彼の仲間はさらに西方に航海し、コロンブスより500年ほど前の西暦1000年前後に、アメリカ大陸（ラブラドル半島とニューファンドランド島）に到達、ここを新天地「ヴィンランド」と呼んで定住を試みていた事実が、現地の遺跡発掘等によって確

認されている。まさに「冒険家ファミリー」なのだが、彼らはその後、何らかの理由で現地を離れ帰国したとされる。

　因みに、1492年にアメリカ大陸を発見したクリストファー・コロンブスがどうやってアメリカ大陸まで航海することが出来たのかについて、最近では「アイスランド人から直接情報を得ていたのではないか」との見方が出てきている。何故かと言うと「1477年の冬にコロンブスがアイスランドにやって来てインギャルショル（Ingjaldshóll）の農場で一冬を過ごした」との記録と絵が現地の教会に残っているからだ。インギャルショルは、北西部のスナイフェルスネス半島の突端に位置する村で、ここに滞在している間に、レイフ・エリクソンの子孫から500年前の北米大陸への航海ルートを聞き出していたのではないか、というもの。真偽のほどは定かではないが、さもありなんと思わせてくれる。

世界で最初の民主的な集会(民主議会)が開催された国

　大地の裂け目が見られる場所として観光客にも人気のシンクヴェトリル国立公園（写真14）は、西暦930年に世界で最初の民主的な全島集会（氷語Alþingi, アルシング, 或いはアルシンギ）が開催された歴史的な場所としても有名で、これが世界初の「民主議会」と評価され、2004年に世界遺産として登録された。この議会は930年から1798年までの毎年、ここ

写真14 | シンクヴェトリル国立公園

で野外集会の形で開催されていた（レイキャビクに国会議事堂が建設されたのは1881年）。

　アイスランドは874年にヴァイキングのインゴールヴル・アルナルソンとその一族が入植し建国されたのは既述の通りだが、その後も北欧各地から多数の部族が入植し、それぞれの定住地域で「シング（民会）」と呼ばれる部落を形成していた。しかし長らく全島共通の法律や規則というものはなく、それぞれの出身地の法律が各々の定住地域で用いられていたが、次第に近隣の部族との間で物々交換等の交流が生まれた為、その際のルールやルールを破った者に対する処罰等を決

める必要性に迫られた。

そして入植後60年ほど経った930年に、定住地域ごとの「シング」の代表がシンクヴェトリルに集まり、法律やビジネスのルールを議論し決定することになったもので、これがアルシング「（アル＝all）全ての＋「シング」民会）と呼ばれることになった。

当時は毎年6月後半から7月の第1週までの2週間の間、全島から50人前後の部族の長と100人近い自由耕作者の代表が選ばれて出席していた由で、傍聴者も多数いたらしい。当時は、国家といえば、絶対的な権力や武力を持った王様や皇帝がいないと成立しないと考えられていたが、そういう通念を破って、極北の孤島に、住民の代表者達による話し合いで物事を決める民主的な国家が誕生したのである。

何故この地が選ばれたのかというと、比較的島の中央に近い場所である為アイスランド各地から集まりやすかった、水が豊富であった、巨大な断崖がある為声が響きやすかった、といった理由が挙げられている。

因みに、アイスランド議会は今でもAlþingi（アルシング、或いはアルシンギ）と呼ばれている。また、シンクヴェトリル（Þingvellir）とは「集会の為の平原」との意味。

歴史や物語を「書いて記録する」習慣が 北欧で最も早く定着した国

　アイスランドには、12〜13世紀に書かれた「サガ」（Saga）という古文書が残っている。12〜13世紀というのは、アイスランドにキリスト教が広まり定着した時代で、布教と同時にアルファベットが伝えられ、物事を書いて記録するという習慣も生まれた。それまで口伝として代々語り継がれてきた物語を文章化して記録に残したものが（アイスランド）サガだ。

　内容的には、歴代のノルウェー王の伝記、アイスランドの植民とキリスト教化の歴史、市民の争いと裁判、古代ゲルマン民族の伝説など多岐にわたり、約200点が現代に伝わっている。特筆されるのは、当時ヨーロッパ、特に北欧の国々では、「書いて記録する」という習慣がアイスランド以外では発達せず、当時のことを知る手がかりは、この（アイスランド）サガしかないということだ。

　これらサガの原本は、アイスランド大学に付属する「アルニ・マグヌソン研究所（Árni Magnússon Institute for Icelandic Studies）」という古文書の保存・研究機関に大切に保存されている。筆者も原本を見せて貰う機会があったが、文字は当時北欧の共通語であった古ノルド語（＝現在のアイスランド語とほぼ同じ）が使用され、仔牛の皮に細かい文字でびっしり書き綴られていた（写真15）。

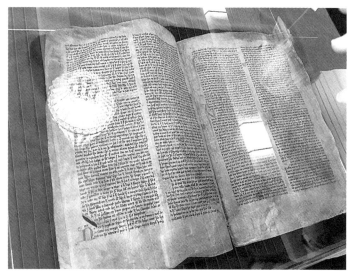

写真15｜サガに書かれた文字

　一つの物語を完結させる為にいったい何枚の仔牛皮が必要
だったのか研究員に質問したところ、「物語の長短にもよるが、
平均的な長さのものであれば、100頭以上の仔牛が必要であ
った筈」との回答が返ってきた。

　北欧諸国の中で、何故アイスランドだけで「物語を文章化
して記録に残す」習慣が定着したのかについては、「季候が
厳しく暗く長い冬を耐えるには、屋内での娯楽が必須であっ
た為、書き物・読み物が発達した」といった説が有力視され
ているが、未だ定説には至っていない様だ。

　この研究所に保管されているサガの原本は、17世紀後半

に生きたアイスランド人、アルニ・マグヌソン氏がデンマークのコペンハーゲン大学で教鞭をとっていた際に、大量に収集したもので、長く同大学で保管されていたが、20世紀に入り「サガはアイスランド人のものである」との運動が起こり、最終的には1997年にデンマークからアイスランドに返却された経緯がある。

　サガについては、世界中に研究者がおり、1971年からそれら研究者が一堂に会する「国際サガ会議」が3年に一度の頻度で開催されている。筆者は2018年にレイキャビクで開催された「第17回国際サガ会議」の開会式に参加する機会を得たが、参加者はヨーロッパ各国、カナダ、アメリカの他、オーストラリア、アルゼンチン、メキシコ、日本といった遠路からの参加者も多く、総勢400名前後の学者・研究者達が集っていた。

COFFEE ☕ BREAK

漫画「ヴィンランド・サガ」

　サガについては、様々な物語の日本語訳が出版されている他、最近では漫画やゲームの形で日本人にも親しまれている。代表的なものが幸村誠氏による漫画、「ヴィンランド・サガ」だ。漫画の舞台は11世紀初頭のアイスランドとその周辺国。アイスランド生まれの実在した人物、冒険者ソルフィン・ソルザルソンを主人公トルフィンのモデルにしたフィクションで、「赤毛のエイリークのサガ」と「グリーン

ランド人のサガ」という実在するサガが物語のベースになっている。

この「赤毛のエイリークのサガ」と「グリーンランド人のサガ」は、2編を合わせて「ヴィンランド・サガ」と呼ばれており、幸村氏の本作のタイトルはまさにこれに由来するもの。

ヴィンランドというのは、昔のアメリカ大陸の呼び名で、ヴァイキングのレイフ・エリクソン（既述の実在した人物）が西暦1000年頃に北米大陸を発見した際に"Vin（ぶどう、或いは芝）の豊かな土地"との印象をもとに名付けたと言われている。コロンブスによるアメリカ大陸発見よりも500年ほど前に、既に同氏はアメリカ大陸を発見、上陸し、ソルフィン・ソルザルソン含め160人ほどのヴァイキングを率いて入植したとされる（既述の通りこの史実は近年の遺跡発掘調査等により科学的にも証明されつつある）。

漫画「ヴィンランド・サガ」は、2009年に「第13回文化庁メディア芸術祭」マンガ部門大賞を受賞、2012年には「第36回講談社漫画賞」の「一般部門」を受賞した他、さらにアニメ化も決定、テレビ放送の他、Amazonプライム・ビデオで日本だけでなく海外にも配信されている。

上述の「国際サガ会議」の中で、「サガと漫画」というセッションに登壇する目的でアイスランドを訪問された幸村氏に直接いろいろお話を伺う機会があった。それによると、ヴァイキングのサガを漫画の題材にした理由は「もともとSFが好きで、中でもハードSFと言われる科学考証、時代考証をしっかり固めたものが好きで、若い頃に幾つかのサガの和訳本を読んで、ヴァイキングの歴史に興味を持ったから」とのことだった。

　また、「2005年に執筆を開始してから既に13年が経っている（注：2018年時点）のに、未だに北米大陸に向かう航海の話に至っていない理由は、週刊誌ではなく月刊誌に掲載している為ストーリー展開に時間がかかることと、次から次にいろいろなエピソードが閃いてくる為。北米大陸に向かうまでにあと5～6年かかるかも知れない」と苦笑されていたのが印象的であった。

12世紀に書かれた書物を現代の小学生でも すらすら読める世界で唯一の言葉を持つ国

　前述の12世紀頃に書かれたサガは、現代の小学生でも大部分をすらすら読めるそうで、これはアイスランド語が過去1000年近くの間、殆ど変化をしていないことを示している。これは日本に置き換えて考えると、平安時代である12世紀に書かれたものを現代の小学生が容易に読めるかといえば、決してそうではないので、アイスランド語には如何に変化が少なかったのかを実感出来る。

　アイスランド語の起源は、8世紀頃から北欧で話されていた「古ノルド語」というヴァイキングの言葉で、当時は広く北欧諸国で使われていた。しかし、時代の経過と共に、ヨーロッパ大陸と陸続きのノルウェーやデンマーク、スウェーデンでは大陸の言葉の影響を受け、大きく変化してきたが、アイスランドは島であった為影響度が小さかったことと、自ら

の伝統を守ろうとする気概が強く、外国の影響を最小限に抑えることに努めてきた為、言葉も殆ど変化していないのだ。

　例えば「コンピューター」といった外来語や新語を如何にアイスランド語に導入するのかというと、既存の単語を組み合わせて作るという。具体的には、コンピューターの場合、アイスランド語は「toelva（トゥルバ）」だが、これは「数字」を意味するtalaと（サガに出てくる）「予言者」voelvaを足して（合成して）作ったもの。つまり、「数字を予言するもの＝コンピューター」という新語を、既存のアイスランド語を組み合わせることで作ったもので、こうすることにより、外来語の音や綴りの影響を出来る限り排除するのだという。

　また、Telephone（電話）をアイスランド語に導入した際には、「話す」という意味のtalと、「線・ひも」を表すsimiを組み合わせてtalsimi（話すひも）という言葉を作り、暫く使われていたが、その後、人々の多くが単にsimiと言い始めたので、いつの間にかsimiに落ち着いたという。

　また、誰が新語を作り、政府として如何に決定するのか、例えば、政府の中に「言語委員会」の様なものがあるのか？と識者に尋ねたところ、政府の介入は全くないという。つまり、新しい外来語が入ってくると、誰かが適当なアイスランド語を作り、それが国民の間で自然に使われる様になった時点で、正式なアイスランド語になるとのことであった（従って、作ったアイスランド語が定着せず、自然に消滅するケースも多々あると）。

逆に、アイスランド語（古ノルド語）が英語に与えた影響、即ち、「アイスランド語を語源とする英語の言葉」を調べてみると、Berserk（凶暴な）、Ransack（略奪する）、slaughter（虐殺する）、blunder（失敗）といった、如何にも古代ヴァイキングの行動様式を表していそうなものがある一方で、Saga（話、逸話）、Window（窓、vindaugaから）、Husband（夫、húsbóndiから）、Happy（幸福）といった、極めて基本的な単語も多く含まれており、非常に興味深い。

世界初の民選女性大統領を生んだ国

アイスランドは世界一男女格差（ジェンダー・ギャップ）が小さい国として有名だが、この詳細は後述するとして、ここでは世界最初の民選女性大統領、ヴィグディス・フィンボガドゥティル元大統領（Vigdís Finnbogadóttir）を紹介したい（民選とは、民主的な国民の選挙によって選ばれたとの意）。

ヴィグディス元大統領は、1930年生まれ（2023年時点で93歳）。教育者、演出家としてのキャリアの後、1980年に世界初の民選の女性国家元首として、アイスランドの第4代大統領に就任（写真16）。大統領職は任期4年だが、圧倒的な人気の為再選を繰り返し、結局16年間勤めた上で1996年に引退。

その間、1989年に昭和天皇の大喪の礼に参列の為初来日。参列者の多くが黒の喪服を着ていた中で、鮮やかな黄色のドレスを着用されていた為、ひときわ目立ち、マスコミの間で

［左］写真16｜ヴィグディス元
大統領の就任時（出典：Office
of the President of Iceland）
［下］写真17｜公邸での昼食会
にお招きした際のヴィグディス
元大統領

も「あの鮮やかなドレスの女性は誰だ？」と大騒ぎになった
と、当時を知る関係者から聞いたことがある。

　引退後も教育者として、また女性の地位向上や言語・文化
の重要性を訴える為、国内外の様々な行事に積極的に参加さ
れ、国民はもとより海外の有識者等からも敬愛されている。
また、筆者が駐在当時には、既に80歳台後半というご高齢
でありながら、様々な行事に積極的に参加されていた為、大
使公邸での会食にも2度ご招待し、いずれも快諾を頂いた（写
真17）。

　その際、合計で9回の訪日経験があり、特に宮中での天皇
皇后両陛下ご主催の昼食会が思い出深いこと、地方都市では
やはり京都が素晴らしいこと等をお話し頂いた。実は筆者は
赴任前に天皇皇后両陛下（現在の上皇上皇后両陛下）とお言葉
を交わす機会を頂いたのだが、その際、皇后陛下からこの難
解な大統領の名前をフルネームで教えて頂き、昼食会を懐か
しがられていたことに感銘を受けた経緯がある。

　元大統領はまた語学の天才としても有名で、「いったい何
ヶ国語を話されるのですか？」と尋ねると、「アイスランド
語が最も得意ですが（笑）、英語、フランス語、ドイツ語、
デンマーク語、ノルウェー語、スウェーデン語を話せます。
また、ラテン語を勉強したことで、スペイン語、イタリア語
も理解することが出来ます」との回答が返ってきたことには
驚かされた！

　尚、2017年4月には元大統領の功績を称え、アイスラン
ド大学の敷地内に「Veröld」（House of Vigdís）なる建物が完
成した他、ユネスコが後援する「ヴィグディス多種言語・異
文化理解国際センター」も開設され、国内外の研究者で賑わ
っている。

第 **4** 章

社会

人口が横須賀市や新宿区と同じくらいの国

　アイスランドの人口は2023年時点で約37万5000人（37万5318）。面積は約10万3000km²と、日本で言えば北海道と四国を合わせたほどの広さだが、そこに横須賀市や新宿区と同じくらいの人口しかいない。世界の人口ランキングで見れば180位前後の小国である。

　総人口の64%、約24万人がレイキャビク首都圏（レイキャビク市及び周辺6市の合計）に住んでおり、この都市部への人口集中傾向は年々強くなっている。

　歴史的な人口推移を見ると、ヴァイキングのインゴールヴル・アルナルソンが874年に入植した際には400人前後の仲間をノルウェーから連れてきたと言われ、またその後60年余りの間、即ち、世界で最初に民主的な議会が開かれたとされる930年までの間に、合計で2万人前後が入植したとされる。

　その後、最初に国勢調査が行われた1703年には5万人、1900年には7万8000人に達し、1926年に10万人を超え、1968年には20万人超え、そして30万人に達したのが2007年。筆者が赴任した2016年には33万2000人、2017年33万8000人、2018年には34万8000人と、毎年6000～1万人前後のペースで増加していた。[12]

　2020年には36万4000人に達したが、この中には外国生まれの移民（アイスランドの市民権や就労許可を取得した人）も5

万5354人含まれており、全人口に占める割合も15%近くに
達する。出身国別では、圧倒的にポーランド人が多く2万
477人で、2位以下はリトアニアの3277人、フィリピンの
2085人と各段に少なくなる。

　移民が増加している理由は、2015年前後から始まった爆
発的な観光ブームに伴う労働者不足だ。それまで数十万人規
模であった外国人観光客の数が2015年に100万人を、2017
年には200万人を超え、ホテルやレストラン等の観光施設で
の労働者不足を外国人労働者に頼る構図が定着した為だ。

　ポーランドからの移民は、1980年代から水産業や建設業
への出稼ぎ労働者として徐々に増えていたが、近年ではポー
ランド国内より3〜4倍高いと言われる観光産業の給与水準
に惹かれてその数を増やしてきたようだ。

　一方で、少数ながら、アイスランド人で海外に移民する人
もいる。人気の移民先は、デンマーク、ノルウェー、スウェ
ーデン等の北欧の国々だ。気候や生活習慣等が似ているから
抵抗が少ないのだろう。いずれにしても、海外からの移民が、
国内からの移民数を大きく上回っており、今後ともアイスラ
ンドの人口は増加していくことだろう。

アイスランド人の移住先

　既述の通り、アイスランド人の人気移住先は北欧の国々だが、最近ではスペインの地中海沿岸部、特に同国のコスタ・ブランカ（東部バレンシア州の地中海に沿う海岸地方）やテネリフェ島（大西洋にあるカナリア諸島の中の島）への移住人気も高まっているようだ。これらの地方は、以前からアイスランド人の避寒休暇先として圧倒的な人気を誇ってきたが、最近では移住を決断する人も多くなっているという。

　移住理由は、年中温暖な気候を楽しめることの他に、物価の安さも大きな一因とのことだ。貯蓄や年金を何倍にも活用出来ることや、医療費や医療システムも満足なものだという。移住者によれば「アイスランドの自宅の売却費用でスペインでは豪華な一軒家やマンションが買えた」とのこと。

　唯一の問題は、言葉（スペイン語）だが、これも移住したアイスランド人同士のネットワークで解決しているという。例えば、スペイン語が話せないアイスランド人が病院に行く時には、スペイン語に堪能な人が同行する等の相互支援を行っている由。如何にもアイスランド的なシステムだ。

サッカーW杯本戦出場国の中で最も人口の少ない国

　アイスランドで伝統的に人気が高いスポーツは、室内競技

であるハンドボールだ。特に、2008年北京五輪で男子チームが銀メダルを獲得したのは、今でも国民の語り草になっている。

しかしながら、10年ほど前からサッカー人気が急上昇してきた。その背景には、2016年にUEFA EURO 2016（UEFA欧州サッカー選手権）でベスト8に入る快挙を成し遂げたからだ。

過去1度も決勝リーグに進出したことがないアイスランド・チームだったが、同大会では予選リーグ（グループA）でオランダ、トルコを抑えチェコに次ぐ第2位に躍進、フランスでの決勝トーナメントへの出場を決め、そこでもポルトガル、ハンガリーに引き分け、オーストリアを破ってベスト16に進出。そして、さらに強豪イングランドを下してベスト8までコマを進めた。[13] 準々決勝ではフランスに敗れたものの、スター選手は誰もいないFIFAランキング112位だった弱小チームが、奇跡の躍進を遂げた姿は多くの人の共感を呼び、アイスランド国内はもちろん大熱狂だったが、準々決勝のフランス戦には国民の1割に相当する3万人前後がパリに駆け付けたと言われている。

アイスランドの人口は当時33万人、成人男性のサッカー人口は3000人。その中でもプロとして登録しているサッカー選手は僅か120人しかいなかった。こうした小国が快進撃を続け、ついにはイングランドまで破ったことが世界的にも大きな話題となった。

　そんなアイスランドの偉業がどれだけ奇跡的であるかをユーモアたっぷりに伝えたソーシャルメディアの記事が当時話題になっていた。タイトルは"How the 23 players for Iceland National Team Was Selected"。要は、EURO 2016に登録された23名のアイスランド代表選手が、どのように選ばれたかを面白可笑しく紹介したものだ。

　33万2529人という（当時の）総人口から、女性や未成年の男性を引き、さらに太り過ぎでサッカーに不向きな人、様々な仕事で忙しくサッカーなんかやっている余裕がない人、等々、いろいろな人を引いていくと、最終的に残ったのは23人の代表選手達だけだったというものだが、勿論これはジョークである（実際、計算してみると「残り」は23人ではなく16人になってしまう）。

　いくら小国のアイスランドとはいえ、人々には多様性があり、こうした条件の人を引いた結果、残った23人が代表メンバーなどということはあり得ないが、アイスランドのサッカー規模がどれだけ小さいかということをユーモアたっぷりに伝える面白い内容だったので、以下に紹介しておく。

　この中で触れられているホエールウォッチング、地震、火山、羊等は、アイスランドの特色を示すもので、そうした特徴・文化も踏まえての内容になっている。因みに、「受刑中の銀行家」とは、2008年に破綻した金融バブルの責任を負って投獄された悪徳銀行の幹部達を指している。

総人口	33 万 2529 人
女性	－ 16 万 5259 人
18 歳以下の男性	－ 4 万 546 人
35 歳以上の男性	－ 8 万 2313 人
太り過ぎている人	－ 2 万 2136 人
ホエールウォッチングの仕事で忙しい人	－ 1246 人
地震の監視で忙しい人	－ 314 人
火山の監視で忙しい人	－ 164 人
羊飼いで忙しい人	－ 1934 人
羊毛刈りで忙しい人	－ 1464 人
受刑中の銀行家	－ 23 人
盲目の人	－ 194 人
病気の人	－ 7564 人
病院や警察、消防署で働く人	－ 564 人
スタジアムで応援するアイスランド人のファン	－ 8781 人
チームに帯同するドクターと理学療法士	－ 2 人
チームに帯同するマッサージ師と給水係	－ 2 人
代表チームのマネージメントスタッフ	－ 7 人
残り（＝代表選手）（監督はスウェーデン人）	23 人

　この2016年の快挙に加え、サッカー人気を不動にしたのが、2018年のFIFAワールドカップ・ロシア大会の本戦への出場である。ヨーロッパ1次予選では（本戦で準優勝した）クロアチアも破りグループIを首位通過し、初の本大会出場を決めたのだ（写真18）。

　想像に難くないと思うが、この結果は「W杯本戦出場国の中で最も人口の少ない国」という記録を更新、それまでは2006年のW杯に出場したトリニダード・トバゴの「人口

写真18│サッカー代表チーム（出典：Haflidi@football.net）

136万人」が記録だったが、これを大幅に上回る（下回る？）「人口34万人」という大記録を打ち立てた。

　本大会ではグループDに入り、初戦のアルゼンチン戦では1－1と引き分けたものの、2戦目のナイジェリア戦では、0－2、3戦目のクロアチア戦では1－2で敗れ、2敗1分のままグループリーグ敗退となったが、世界中のサッカーファンからその健闘振りに対し惜しみない拍手が送られた。

　敗戦を受けて現地の新聞各紙も「アイスランド・チームの旅は終わった！」と書いていたものの、いずれの報道でも「小国がW杯に参加出来たこと自体が奇跡。さらにその夢の舞

台で優勝候補のアルゼンチンと引き分けたことも奇跡。われわれはチームの健闘を誇りに思う。Áfram Ísland!（アイスランド万歳！ よくやった！）」との労いの言葉で締めくくっていた。

では何故、小国で、サッカー強国としての伝統もなければ、世界的な選手もいないアイスランドがそこまで強くなったのか？

それは、1999年から実施された国際サッカー連盟（FIFA）の助成制度を活用した地道な戦略の策定と実行があったからだ。アイスランドはこの助成金で屋内練習場を地道に造り、資格を持つコーチを育成。それまで冬場はハンドボールへ流れていった才能が、一年中、サッカーにとどまるようになったのだ。

具体的には、施設面ではフルサイズの練習場を180前後まで増やし、また主要な学校の周辺には150を超える芝のミニピッチを整備した。また、コーチについては、それまでゼロだった欧州サッカー連盟公認のA級・B級コーチを900名規模まで育成し、その結果、子供を含む誰もが、サッカーを始めるその日から容易に質の高いコーチングを受けられる環境が作られたそうだ。

アイスランドが初めてW杯の予選に出場したのが、1958年のスウェーデン大会。それ以来、半世紀以上をかけて実現させた夢は、スポーツの描く最高の物語の一つになったと言えるだろう。

人口をはるかに超える数の羊がいた国

　アイスランドと言えば、かつては「羊の国」とのイメージが定着していた。実際、1980年代には80万頭と、人口をはるかに超える数の羊がいたのだが、近年、羊農家の経営環境が悪化し、その数も40万頭前後と半減し、社会問題にもなりつつある。(15)

　アイスランドの羊は、ヴァイキングの入植者が持ち込んだ羊の直系子孫で、他の種類との交配が行われていない希少種の純血種で、丈夫で寒さに強いと言われる。昔は、主にミルクの生産用であったが、20世紀後半からは食用肉としての用途がメインになってきた。

　食用の子羊は3〜5月に誕生し、雄大な自然の中でストレスなく放牧され、8〜9月には屠殺される。その為、その肉は豪州やニュージーランド産のものより月齢が若く、臭みがなく柔らかくきめ細かいという特徴を持っており、近年、米国や日本への輸出も増えている（一般的に羊肉は、生後1年未満の子羊の肉はラム、2年以上の肉はマトンと呼ばれる）。

　近年の羊農家の経営環境の悪化の主因は、①牛肉・豚肉・鶏肉が普及するにつれ、アイスランド人が以前ほど羊肉を食べなくなったこと、②従来大口輸出先であったロシア向けが経済制裁により激減していること、③品質面での優位性はあるものの、気候の厳しい冬には屋内で餌を与えつつ飼育する

必要がある為（冬でも外で自由放牧が可能な豪州やニュージーランドに比べると）もともと生産コストが高く、そこにクローナ高が追い打ちをかけ、輸出競争力が低下していること、等が挙げられる。

　因みに、アイスランドで1年間に生産される食肉の量も、以前（2018年）は羊1万481トン、鳥9476トン、豚6797トン、牛4775トン、馬939トンと羊肉がトップだったが、2022年には鶏肉に首位の座を明け渡してしまった。[16]

COFFEE ☕ BREAK

アイスランドの馬

　アイスランドの馬は、世界の愛馬家の間ではかなり有名だ。874年にヴァイキングが移住してきた際に、馬も持ち込まれたが、約100年後の982年に持ち込み・輸入が禁止となった為、以来、1000年以上もの間、国内だけの交配で純粋培養されてきた。正確な馬種は不明だが、ヴァイキング船での移動に耐えうる背の低くしっかりとした、あまり大きくない種類の馬が選ばれたと言われ、結果的に外見的な特徴としては少し小柄である。

　一般的に、肩までの高さが147cm以下の馬は（ホースではなく）ポニー（Pony）と呼ばれ、アイスランド馬は体格だけを考慮するとポニーの部類に入る小型のものが多いが、国際的な取決めでは、アイスランド馬は「ホース」に分類されている。

　また、寒さに耐える為に毛並みが深く、その色だけで40種類、模様も含めると100種類以上にもなる。

　さらに特徴があるのが、歩き方（走り方）で、普通の馬は「常歩」「速歩」「駈歩」「襲歩」という4種類の方法でしか歩けない（走れない）が、アイスランドの馬はその他に「トルト（tölt）」と「スケイズ（skeið）」という特殊な歩き方（走り方）が出来るという。

　トルトというのは、速歩と似た感じだが、スピードがありながらもスムーズで、乗る人に負担が少なく、無理なく早い速度で移動できるという特色があり、またスケイズはリズミカルな襲歩で時速48kmもの速さで走ることができるそうだ。

　何故アイスランドの馬だけがこの歩き方を出来るのかについては諸説あるが、最も有力なのは、溶岩台地を中心とするアイスランド独特の複雑な地形の中で育ったからだとされる。

　現在（2022年）世界中には18万頭前後のアイスランド馬がおり、この内8万頭が国内で、10万頭が海外で飼育されている。国内では毎年3700頭前後の馬が生まれ、その内4割が海外に輸出される。主な輸出先はドイツ、スウェーデン、デンマーク等。

　尚、輸出について言うと、馬そのものの他に、「馬肉」の輸出も盛んで、近年には日本向けにも輸出され始めた。

　実は、アイスランド人と馬肉の間には面白い逸話が存在する。昔のヴァイキング達は好んで馬肉を食べていたが、西暦1000年にアイスランドが古代の多神教からキリスト教に改宗して以降は馬肉を食することが禁止された。しかし、馬肉を諦めることは当時のアイスランド人にとって相当辛

いことだったようで、改宗の条件として「公には駄目だが、こっそりとなら馬肉を食べ続けても良い」とのお墨付きを貰っていたと言われる。

　現在、馬肉は全てのアイスランド人が好んで食べる訳ではないが、スーパーでも普通に売られているし、中年以上の人に聞くと、「馬肉は牛肉より高級だ」と答える人が多い。

国民の大多数が30代前の先祖まで知っている国

　アイスランド人と話をしている時に最も驚かされたのは、先祖に関する話で、「大多数の人は26〜30代前の先祖まで知っている」ということだ。既述の通り、アイスランド人の殆どは、874年以降に移住してきたノルウェー人（ヴァイキング）の子孫であり、つい最近まで外国人との混血が極めて少なかった為、殆どの国民が（少なくとも遠い）血縁関係にある。実際、アイスランド人と話をしている際に第三者の名前が出てくると「あぁ、彼は自分の祖父の兄弟の家系だ」とか、「夫の遠い親類にあたる人だ」といった話が必ず出てくる。

　それでは、何故国民の多くが30代も前の先祖まで知っているのか？　実は、アイスランドには、2020年現在で90万4000人分の家系情報を蓄積するデータベースがあり、ケニタラと言われる国民ID番号を持つアイスランド人であれば、誰でも即座にパソコンやスマホからこのデータベースにアク

セスできるのだ。

　このデータベースには、最初に国政調査が行われた1703年以降に誕生したアイスランド人の95％以上と、874年のヴァイキング入植時から1703年の間に誕生したアイスランド人についても、歴史書や教会・民家等の古い資料を通じ、半分以上の家系情報が含まれているという。因みに、このデータベースは「アイスランド人の書（Íslendingabók）」と呼ばれている。[17]

　実際、筆者の勤務先のアイスランド人スタッフにこのデータベースにアクセスして貰ったところ、即座に、彼から遡ること30代前、874年に入植した最初のヴァイキング、インゴールヴル・アルナルソンに至るまでの先祖の名前と出生・死亡年のリストが出てくるし、さらにそれぞれの先祖の名前をクリックすると、その人の職業や家族の状況等の情報も出てきた。また、自分の祖先だけでなく、自分と特定第三者との関係等も調べることが出来る。

　このデータベースが出来た経緯は、1988年にフリズリーク・スクラソン（Friðrik Skúlason）というソフトウエア・エンジニアが、個人の家系情報を登録するプログラムを作成、1997年に遺伝子研究会社であるデコード・ジェネティクス社（deCODE Genetics）が彼に加わり、過去の国勢調査結果や教会保存の戸籍関係情報を収集し、データベース化し始めたことに始まる。そして、2003年にはこのデータベースが完成、

オンライン化され、一般に公開された。

　さらに、このデータベース構築に大きく貢献したデコード・ジェネティクス社は、その後、全国民の約3分の1（後に2分の1）から自発的に提供を受けた遺伝子情報を解読し、特定の遺伝子とアルツハイマー、癌、脳卒中、心臓病等との因果関係を研究して、次々と世界的な成果を発表している。

　何故アイスランドでの遺伝子研究が成果につながりやすいかと言うと、①9世紀後半にヴァイキングが入植して以降、外界との混血等が極めて少ない為、遺伝子構造の変化も少なく、病気に関係すると思われる遺伝子の変異を見分けることが比較的易しい、②この遺伝子変異と、データベース上の家系情報を関連付け、特定の病気と関係がありそうな遺伝子を特定することが易しい、ということのようだ。

COFFEE BREAK

大学生が作った「近親相姦防止アプリ」

　殆どの国民が血縁関係にあると言われるアイスランドでは、特に、若い世代の間では初対面の相手が「恋愛関係になっても大丈夫な相手なのか？」を早い段階で見極めることが重要だというから、如何にもアイスランドならではの現象だ。

　これに関連して、2013年には上述のデコード・ジェネティクス社が、アイスランド大学と共同で、データベース「アイスランド人の書」を活用したスマホ向けのアプリ開発を

全国の大学生に呼び掛けた。その結果、多数の応募があったが、最優秀賞に選ばれたのは「近親相姦防止アプリ」。

例えば、カップルがこのアプリが入ったスマートフォンを手に持ち、それをぶつけ合うと、祖父母が同一である場合、アプリが警告音を発し、「この人と握手以上の関係になるのは望ましくない！」と教えてくれる由。日本人にはなかなか感覚的にも理解しづらい話だが、こちらで多くの人と話を重ねてくると、「あの大臣は私の従兄だ」といった場面に頻繁に遭遇するので、さもありなんと思う。因みに、このアプリのうたい文句は"Bump the app before you bump in bed!"。

美女の多い国（ミスワールドのグランプリ3人）

アイスランド人のミス・ワールドのグランプリ受賞者はこれまで3名で、「何だ、たった3人か」と思われそうだが、37万人という人口を勘案すれば、圧倒的に高い受賞比率と言える。

アイスランド女性のグランプリ受賞は、1985年、1988年、2005年の3回。国別の最多受賞ランキングでは、1位がベネズエラとインドで6回、2位がジャマイカと英国の4回、3位がアイスランド、アメリカ、南アフリカ、スウェーデンの3回と続く。(18)

アイスランドに美女が多い理由として昔から冗談めかして

言われてきたのは「ヴァイキングが世界各地から美女を連れてきた為だ」という説だ。

　ところが近年、実際にアイスランド人のDNA調査をしてみると、アイルランドやスコットランドのゲール人系DNAを持つ割合は、女性の方が男性に比較し3倍ほど高いことが判明したのだ（P.68の「歴史：9世紀後半に入植したヴァイキングが建国した国」部分を参照）。

　従って、上述の「各地から美女を連れてきた為」という説は、もはや冗談とは言えず、むしろ科学的根拠に基づいた事実であると断言する人も多い。

　尚、FIFAワールドカップ・ロシア大会では、アイスランド代表メンバーの多くが「金髪・長身でイケメン揃い」と評判になったことでも判る様に、男性も所謂イケメンが多いのだと思う。

▍ 同一家族でも全員が異なる姓(Last Name)を持つ国 ▍

　アイスランド人の名前には、独自の姓（苗字/名字/Last Name）はなく、その替わりに男性なら父親の名前に「son（ソン、息子の意味）」を、女性なら「dottir（ドッティル、娘の意味）」を付けたものを姓・苗字として使用している。

　世界的に有名な女性歌手ビョーク（Björk）のフルネームは「ビョーク・グズムンヅドッティル（Björk Guðmundsdóttir）」だが、これは父親の名前がGuðmundur（グズムンドゥール）である

からだ。彼女にもし兄や弟がいれば、姓はGuðmundssonに
なる。

　従って、同じ両親から生まれた兄弟姉妹でも、性別が違え
ば姓・苗字が違っているのが当たり前であり、また、姓・苗
字は世代ごとに変わっていくことにもなる。

　sonやdottirを付けるのは、圧倒的多数は父親の名前なの
だが、例外的に母親の名前を用いる場合もある（例えば母親或
いは子供が父親との社会的結び付きを断ち切りたい場合など）。

　また、さらに例外として、外国に起源を持つ親から受け継
がれ、そのまま使用を許されている姓もごく少数ある。例え
ば、筆者の勤務先の顧問弁護士として活躍頂いた大手弁護士
事務所の幹部（女性）のフルネームはMs. Kristin Edwaldで、
女性でありながら姓・苗字の末尾に「～の娘」を表す「dottir」
が付いていない。

　その理由は、彼女の祖母がノルウェー人で1900年代の初
めにアイスランドに移民し、当時アイスランドでノルウェー
名誉領事を務めていた祖父と結婚した為、Edwaldという姓
を使うことが特別に認められた為だと説明してくれた。一般
的に海外にルーツを持つ家系では、一定期間海外姓の使用が
認められる原則になっているが、何代目までそれが許される
かは、その時々の「命名委員会」（Naming Committee）の見解
や世論の動向にも左右されるとのことだ。

サッカーアイスランド代表メンバーの名前

　既述の通り、2018年にロシアで開催されたサッカーW杯で「人口34万の小国が奇跡の躍進」として開幕前から注目を浴びたアイスランド・チームだが、開幕後も「メッシ率いるアルゼンチンと価値あるドローを得た」ことや、「イケメンが多い」等と話題になったことをご記憶の方も多いだろう。

　そしてもう一つ静かな話題になった（？）のが、代表メンバーの名前（苗字）だった。スタメン全員の苗字の最後に「ソン」が付いていたのだ。Birkir Bjarnason, Alfreð Finnbogason, Aron Gunnarsson, Hannes Halldórsson, Hörður Magnússon, Birkir Sævarsson, 等々。

　この、父親の名前に男性ならsonを付けると言う苗字の決め方は、実は昔の北欧諸国では共通の慣習になっていたのだが、20世紀に入る前後から他の北欧諸国ではこれを止め、アイスランドだけが昔ながらの慣習を続けているのだ。

　但し、例えばスウェーデンの場合には、1901年に子供の性別に関わらず父親名にsonを付けたものを苗字とし、その後も（代々変化しない）同一苗字を名乗る様に定められたそうで、その結果同国では、アンデルソン（Andersson）、エリクソン（Eriksson）、グスタフソン（Gustafsson）といった「son」で終わる苗字が圧倒的に多いようだ。[19]

名前(First Name)を自由に付けられない国

　それでは、名前（First Name）については自由に付けて良いのかというと、これまたユニークな制約がある。子供の名前は、政府作成の「名前リスト」の中の4200前後（2018年時点）の候補から選ぶ必要があるのだ。リストにない名前を付ける場合には「命名委員会」の許可が必要となる。最大の理由は、アイスランド語を（発音や綴りの観点から）守る為で、外国人の様な名前を付けることは原則許されていない。

　より具体的に言えば、「名前リスト」には、「許可された男性名リスト」と「許可された女性名リスト」があり、これらのリストにない名前を付けたい場合には「命名委員会」に申請して審議して貰う必要がある。例えば、2018年の申請に関しては、5つの新たな名前、即ち男性の "Geimar" と "Brimþór"、女性の "Ljóney"、"Íselín"、"Guðna" が許可された一方で、Andrej という名前は拒否された。拒否された理由は、アイスランド語の一般的なスペルの規則に合致しない為、というものだった。

　男性の名前で人気のあるベスト3（2019年時点）は、Jón（ヨン）、Guðmundur（グズムンドゥール）、Sigurður（シグルズール）だが、最も人気のある Jón（ヨン）の場合、当時全国に5200人前後いた。この様にポピュラーな名前の場合には、他のヨン氏と区別しやすくする為、Jón（ヨン）の後に、「2番目の

名前（Second Name）」を付けることが多い。

　例えば、Jón（ヨン）の後にGuðmundur（グズムンドゥール）を付けると、この名前を持つアイスランド人は（当時）17人にまで絞られてくる。これにグンナルソン（Gunnarsson）といった別々の姓（名字）が付くので、フルネームはJón Guðmundur Gunnarssonとなり、同姓同名の人がいる確率はかなり下がるという訳だ。

　因みに、筆者の駐在時のアイスランド大統領の名前はGuðni Thorlacius Johannesson（グズニ・トルラシウス・ヨハネソン）で、エネルギー庁長官の名前はGuðni Albert Johannesson（グズニ・アルベルト・ヨハネソン）であった。名前と姓（名字）は同じだが、「2番目の名前（Second Name）」が違うので、間違えることはないと同僚に言われたが、日本人の感覚からすると極めて紛らわしく思えた。

再生可能エネルギーだけで 必要電力量の100％近くを賄う国

「火と氷の国」と言われるアイスランドでは、火山や氷河は、一方では噴火や洪水という形で人間社会の脅威になることも多いのだが、もう一方では、豊富な地熱資源、水資源に恵まれていることを意味し、実際、国の電力供給はこの地熱発電と水力発電という再生可能エネルギーで、必要電力量の100％近くを賄っている。

　地熱の利用は、9世紀後半に入植したヴァイキングによる建国時以来、様々な形で進んできた。現在の首都、レイキャビクという都市名の由来も、初期の定住者達が町のあちこちから上る地熱の煙（蒸気）を見て「煙たなびく湾（Smoky Bay）」を意味するヴァイキング語（＝アイスランド語）で名付けた、という逸話が示す通り、地熱の存在が極めて身近なものであった為だ。

　初期の活用は、村のあちこちから湧き出る熱水を、洗濯水や公衆浴場として利用したことから始まり、20世紀に入ると、家屋の暖房への利用が急速に広まる。実際、レイキャビク市の記録によれば、1908年にレイキャビク郊外に住む農民が近くの湿地帯から湧き出る熱水を家まで引き込み暖房に使ったことが記されているし、1930年には敷設したパイプラインで熱水を運び、2つの学校、病院、プール、そして60世帯の家屋の暖房が始まったそうだ。

　以来、本格的な商業ベースでの地域暖房サービスが主要都市で進み、1970年代後半には複数の地熱発電所が操業を開始、地熱は暖房だけでなく、発電手段としても活用されていくことになる。今日では、国の90％以上の住居に地熱による温水暖房が導入されている他、商業ビルの暖房、農業用の温室、魚の養殖場、除雪、温泉・プールといった幅広いシーンで活用が進んでいる。また、発電についても、必要電力量の27％が地熱発電で賄われている。

　一方、氷河から派生する多くの川や滝といった豊富な水資源を源泉とする水力発電については、歴史的には1904年にレイキャビク近郊に住む起業家が小規模タービンで発電したのが最初とされるが、商業規模での水力発電所の建設が本格化するのは1950年代後半。

　当初は化学肥料やセメント生産の為の電力需要を賄っていたが、60年代以降、豊富で低廉な電力に目をつけた欧米のアルミニウム精錬企業の工場進出が相次ぎ、これに呼応するように国営電力会社（Landsvirkjun）を中心に大規模な水力発電所の建設が相次いだ。

　1965年に設立された国営電力会社は、アイスランドで消費される電力の約73％を発電する最大の電力会社で、2020年時点で14の水力発電所と3つの地熱発電所、1つの風力発電所を所有、操業している。

　アイスランドの家庭用の電力需要は、その殆どをレイキャビク・エネジー社（P.106のCoffee Break欄を参照）を中心とする複数の地熱発電所で賄っているのに対し、この国営電力会社は（国の重要産業である）アルミニウム精錬事業やデータ・センターで使われる莫大な電力を賄う為の大型の水力発電所が主体、という棲み分けになっている。

　また、最近の新たな動きとして、日本企業を含む多くのグローバル企業がアイスランドのクリーンな電気（電力）に熱い視線を注ぎ始めている。ほぼ100％が再生可能エネルギー

（水力と地熱）から作られるアイスランドの電力は、大量に電力を消費する産業や企業にとって、環境負荷がゼロという大きな魅力があるのだ。

　因みに、アイスランドの2015年当時の電力消費量は1万8798GWhと、日本で言えば岡山県や三重県並みだが、その大部分は莫大な電力量を必要とするアルミニウム精錬やデータ・センター事業用に使用されており、民生用の電力需要は3割弱と見られている。

COFFEE BREAK

レイキャビク・エネジー社

　首都であるレイキャビク市周辺の温水供給や発電を担っているのがレイキャビク・エネジー社（英Reykjavík Energy、氷語Orkuveita Reykjavíkur）だ。

　同社は、1909年と1921年に創業した首都圏の2つの温水給水・電力会社が1999年に合併して設立された総合ユーティリティ（発電・給水・通信）会社である。アイスランド最大規模の2つの地熱発電所を持ち、株主はレイキャビク市（93.5%）、アクラネス市（5.5%）等。

　レイキャビク市内から車で約30分、標高約800mのヘインギットル山のふもとに、同社が運営するヘトリスヘイジ地熱発電所（英Hellisheiði Power Station、氷語Hellisheiðarvirkjun）がある（写真19）。2021年時点での発電規模（400MW）は世界第5位[20]、国内では最大の地熱発電所だ。

写真19 ｜ ヘトリスヘイジ地熱発電所（出典：Reykjavik Energy）

　地熱発電の仕組みは、地下から湧き出る高熱の水蒸気の力で（蒸気）タービンを回し発電するものだが、その過程で作られた熱水は、首都圏まで全長27kmのパイプラインで運ばれ、地域暖房用の温水として活用されている。パイプラインは断熱性に優れ、一帯は冷涼な地域にありながら、到達するまで水温は2度しか下がらないのだそうだ。

　実はこの発電所は、日本と浅からぬ関係を持っている。2006年に三菱商事と三菱重工が出力45MWの蒸気タービン2基を供給したことで、電力生産を開始した経緯があるのだ。その後も、三菱製、東芝製のタービンが次々に追加され、11km離れた場所にあるネーシャヴェトリル地熱発電所と併せ、世界有数の地熱発電所に成長している。

　また、このヘトリスヘイジ地熱発電所には観光センターが併設されており、毎日多数の海外観光客が大型バスで見学に訪れる。日本からも観光客の他、2013年には当時環境大臣であった石原伸晃大臣が、その後、筆者が駐在中も多

数の国会議員の方々をご案内した経験がある。

レイキャビク・エネジー社では、SDGの観点からも新たな布石を打ちつつある。国内で電気自動車を普及させる手段の一つとして、子会社を通じレイキャビク市及びその周辺地域だけで200以上の充電ステーションを設置済であり、今後もさらに増設を計画している。

また、2007年からは、発電所から排出される蒸気に含まれるCO_2を回収し、地下1000mの岩層に注入することにより、通常数千年かかると言われる「岩石化」を1～2年で完了させる「カーブフィクス（CarbFix）」と呼ばれる技術を、同社とアイスランド大学、フランス国立科学研究センター、米コロンビア大学が共同で開発中。これまでにもCO_2を地中に埋める技術はあったのだが、通常は気体のまま地中に残すので、徐々に地表に漏れる懸念がある一方、この新技術では文字通り気体が固体（岩石）に変わるのでその心配がないそうだ。[21]

世界一男女格差が小さい国

2023年6月に世界経済フォーラムが発表した「ジェンダーギャップ指数2023」によれば、アイスランドが14年連続で男女格差が最も小さい国に選ばれた。因みに、日本は146ヶ国中125位という低位に甘んじている。

確かに、現地で勤務した際には、政治の場でもビジネスの場でも、数多くの優秀でリーダーシップに優れた女性に遭遇

した。実際には活躍する男女比は半々程度なのだろうが、男性社会に慣れた筆者の眼には、むしろ女性の活躍の方が目立っている印象が強かった。

　幾つかの指標を見ても、女性の相続権が男性と同一になった世界最初の国（1850年）、世界で最初に（民選）女性大統領が誕生した国（1980年）といった実績を持ち、今でも国会議員の約4〜5割、上場企業役員の4割、大学卒業生の6割強が女性、そして女性の就業率は80％以上、といった輝かしい数字が並ぶ。

　それでは、アイスランドでは昔から男女格差が小さかったのだろうか？　現地に赴任する前には、ドラマや映画でよく描かれる、武器を手にして闘うヴァイキングの女性達といったイメージのせいか、建国当初から女性も強くてたくましかったのではないかと漠然と考えていた。実際、ヴァイキング社会では、男性に交じり外海で漁をしたり、他国への侵略戦争に同行する女性もいたようだし、家に残っていても、育児や家事の他に、本来男性の役割であった狩猟や土木作業、農作業などにも必然的に関与せざるを得なくなっていたそうだ。

　しかし、そういった時代でも、財産権や参政権といった「権利」に関しては、決して平等を謳歌していた訳ではないという。そして、その傾向は社会が近代化するにつれ強くなり、次第に女性の権利拡大運動の機運につながっていった様だ。

　歴史を紐解くと、19世紀後半に漸く女性の団結・権利向

上に焦点を当てた団体が生まれ、その後の長い運動が徐々に「参政権」等の様々な権利の獲得につながってきた。特に有名な出来事が、1975年10月24日に発生した女性のストライキだ。これには、女性人口の約90％が参加したと言われ、普段の仕事や家事、子育て等を放棄し、レイキャビクでは約2万5000人の女性がダウンタウンに集結した。結果的に、幼稚園や学校、新聞社や商店、放送局といった殆どの職場が職員不足で閉鎖に追い込まれ、経済を支える労働力として、女性がどれほど不可欠であるかを証明することになった。

「女性の休日」と称されたこのストライキは、その後も1985年、2005年、2010年、2016年、2018年に開催される等、男女格差是正努力は止まるところを知らず、現在も続いている（直近では2023年10月24日に開催）。

　現地で勤務中に女性運動家の方々に意見を伺った際、最も興味深かったのは、「アイスランドは今でこそ世界で最も男女平等が進んだ国として知られているが、自分が子供の頃は現在とは大きく異なり、取り立てて男女平等が進んだ国ではなかった。男女平等が肌で感じられる様になったのは、2000年に育児休暇法が改定され、父親にも最低3ヶ月間の育児休暇取得が義務付けられてからだ」との発言だった。

　この法律では、共働きの夫婦に子供が出来た場合、夫婦双方に合計で9ヶ月間の育児休暇取得を義務付けるもので、父親が3ヶ月、母親が3ヶ月、その後の3ヶ月は父親か母親の

いずれかが育児休暇を取得、且つ、休暇期間中も80％の給与を保証するという制度だ。この制度の導入と実施によって、特に男性の役割認識に劇的な変化が生じ、アイスランドの男女平等が急速に加速したというのだ（因みに、2021年からは、この育児休暇期間が12ヶ月に延長され、父親・母親共に6ヶ月間取得、この内の6週間分は夫婦の間でいずれかに譲ることが出来るという仕組みになっている）。

　実際にこの育児休暇を取得した男性に話を聞いてみると「当国でも“育児は女性がするもの”との考え方が長く根強かったが、実際に体験してみて初めて育児の喜びを知ることが出来た」といった声が多く聞かれた。

　さらに、2018年1月には「男女平等法」が改正され、世界で初めて男女間の賃金格差を違法とする、所謂「同一賃金認証法」が施行され、従業員25名以上の企業・組織は男女間の賃金平等を実践していることを示す証明書を取得する義務を負うことになり、違反企業には1日当たり最大500ドル相当の罰金が科されることになった。

　この様に、男女平等の観点から世界をリードしているアイスランドからは、日本も学ぶべき点が多い。実際、日本政府は“女性が輝く社会づくり”を重要施策の一つとし、2014年からほぼ毎年国際女性会議WAW!（World Assembly for Women）を東京で開催している。その第六回会議が2022年12月に開催され、キーノート・スピーカーとしてアイスランドのヨハ

ネソン大統領が招待された。

　同大統領に白羽の矢が立った理由は、UN Women（ジェンダー平等と女性のエンパワーメントの為の国連機関）が推進する運動・プログラムの一つ“IMPACT 10 × 10 × 10”で、世界規模の変革を起こしうる「政府指導者の10人」の中に安倍元首相と並びヨハネソン大統領が選出されていた為だ。

　同大統領は自身のスピーチの中で「ジェンダー平等は、公平性の確保や人権の尊重といった観点のみに関わるものではなく、社会の全てに裨益する（実利をもたらす）もので、国の経済成長や国際競争力の強化にもつながるもの」とのメッセージを中心におき、自国がジェンダー不平等から徐々に変革してきた歴史を紹介されていた。

世界で最も平和で安全な国

　シドニーに本拠を置く国際的シンクタンク「経済平和研究所」が発表した2023年度版の「世界平和度指数（Global Peace Index）」によると、アイスランドが2008年以降16年連続で「世界163ヶ国の中で最も平和で安全な国」に選ばれた。2位以下はデンマーク、アイルランド、ニュージーランド、オーストリアと続く。

　また、保険会社のバークシャー・ハサウェイ・トラベル・プロテクション（BHTP）が2022年に発表した「世界の安全な国ランキング」でも同様に首位を獲得している。

　こういった調査は何を根拠にランキングを決めているのか？前者による平和度の評価の場合には、「対外戦争、内戦の数」「殺人事件の数」「犯罪収容者の数」「テロ活動の潜在的可能性」等々、23項目の指標をポイント化し決められている様だ。確かにアイスランドは殺人発生率が低く、人口に占める刑務所収容人数も低く、テロ事件等は皆無である。

　従って、アイスランドには軍隊がないばかりか、全土で700人近くいる警察官が「通常は銃等の火器を持っていない」ことでも有名である。筆者の生活実感としても、夜遅く市内を独り歩きしても全く問題ない印象であった。そんなアイスランドでも、筆者が滞在中1度だけ全土を揺るがす殺人事件が発生したことがあった。2017年の1月中旬、20歳のナイトクラブ帰りの女性が深夜レイキャビクの街中から失踪、8日後に街から数十km離れたビーチで死体が発見された事件だった。

　犯人はグリーンランド出身の漁師だったのだが、事件発生後は連日、新聞・テレビで大きく報道される状態が続いたばかりか、死体発見後は国中が喪にふくし、彼女の葬式には大統領、首相も参列する状況で、この事件が如何に平和な国にショックを与えたのかを痛感させられた。

　また、治安の良さを示すエピソードの一つとしてよく言われるのは「両親がレストラン（屋内）で食事をする際、ベビーカーでうたた寝をしている乳幼児をレストランの外に放置

していても全く問題ない」というもので、実際、レストランやカフェの近くで多くのベビーカーが並んでいる光景に遭遇することがよくあった。

　日本人のみならず、通常の感覚では、安全上は勿論、寒い屋外で放置するというのは、健康上も良くないのではないかと思うのだが、実はこの習慣はアイスランドだけでなく、他の北欧の国々でも同様で、温かい室内にいるより、氷点下であっても屋外で寝かせておく方が、乳幼児の健康に良いとの研究結果も出ているのだ。[22]

　話を治安面に戻すと、2018年の11月に面談した警察長官の話が印象的であった。彼曰く、「確かに当国は治安が良いが、最近、人手不足に対応する為の外国籍の労働者が急増し、市内の特定地域に彼ら自身のコミュニティを作り始めた為、それに起因する治安悪化が将来問題になる可能性がある。また、昨今のいつ発生するか判らない海外テロリスト等への対応の為には、やはり火器は不可欠であり、この為に警察の中に"特殊部隊（Special Force）"を創設し、40〜50人のメンバーが訓練中」とのことだった。

　では、そもそも何故アイスランドはかくも安全で治安の良い国なのだろうか？　定説がある訳ではないが、やはり比較的所得・生活水準が高く、貧富の格差が小さい社会であることが最大の理由であろう。さらに筆者の個人的見解を加えれば、それは「多くの市民がお互いのことをよく知り、（少なく

ても遠い）血縁関係にもある社会の中では、変なことは出来ない、ましてや悪事をはたらくことは恥ずべきことだ」といった意識があるからではないだろうか。こう考えると、外国籍労働者の急増がリスク要因になり得ることも頷ける。

　尚、アイスランドは「世界幸福度ランキング」でも常に上位（3〜4位）にランクされている。

世界で最も人気が高い大統領のいる国

　現在の大統領は第6代目のグズニ・ヨハネソン（Guðni Thorlacius Jóhannesson）大統領（写真20）で、国民の直接選挙により2016年に初当選。大統領任期が4年である為、2020年に再度選挙が行われたが、何と92.2％の高得票率で再選。世界で最も人気が高い大統領と言っても過言ではないだろう。

　大統領は、1968年6月にスポーツインストラクターの父と、教師でジャーナリストの母のもとレイキャビクで生まれる。ハンドボールの元アイスランド代表選手とシステムアナリストの兄弟が2人。

写真20｜ヨハネソン大統領
（出典：Office of the President of Iceland）

レイキャビク高校で歴史学、英国のウォーリック大学で政治学、アイスランド大学でロシア語とロシア史を学び、その後、英国のオックスフォード大学で歴史学の学術修士課程を修了。アイスランド大学、レイキャビク大学、ビフロスト大学、ロンドン大学等で歴史学の講師・教授として勤務した経験を持つ。

　専門分野はアイスランドの近現代史で、冷戦や2008年から2011年の金融危機、アイスランドの大統領などに関する多数の著作を刊行。政治活動とは無縁であったが、周囲の薦めもあり2016年6月に実施された大統領選挙に出馬し当選、8月1日に就任。48歳というアイスランド史上最年少の大統領となった。

　アイスランドは議院内閣制の共和国である為、大統領は国家元首として儀礼的・象徴的な役割を果たすことが主務で、行政は首相率いる内閣によって行われる。具体的な職務としては、国家元首として外国大使からの信任状接受や、首相・閣僚の任命、条約の締結、法案への署名等が挙げられる。これらはいずれも国会の方針に従うのが基本だが、法案については大統領判断で国民投票に付すことも可能である他、総選挙後の組閣に際し各党間の調整を行うこともある。

　こう書くと、平時には国民の前に登場する機会も少なく、国民からはやや遠い存在なのではないかと思われそうだが、実際にはアイスランドのお国柄と、ヨハネソン大統領の人柄

によって、彼の動向は連日新聞紙上を賑わし、大統領自らも自身の活動をSNSで発信し好評を博すなど、大人気なのだ。

　実際、街中で道に迷った二人の少年を自宅まで送り届け、両親を恐縮・驚愕させたことや、ピザのトッピングにはパイナップルは似合わないとユーモアを交え発言したことが国内外で論争になったこと等、謙虚且つ気さくな人柄を示すエピソードは枚挙にいとまがない。一方で、海外での公式行事等では、複数の外国語を操り堂々とスピーチするさまに魅了される国民も多い。

　筆者も駐在中は、様々な行事で毎週のように大統領にお目

写真21 ｜ 大統領官邸（出典：Johann Oli Hilmarsson、Office of the President of Iceland）

にかかる機会があったが、驚いたのは、行事に参加した際、こちらがまだ大統領の存在に気付かない時には、大統領の方から気さくに声をかけて頂くことが多かったことだ。

因みに、大統領官邸（Bessastaðirと呼ばれる）は、レイキャビク市内から15kmほど（車で20分）南西方向の半島部分にポツリと立つ、牧歌的な雰囲気の漂う1761年に建てられた建物である（写真21）。南北を海に囲まれた湿地帯にある為、野鳥の宝庫にもなっているのだが、驚くのは官邸の周囲には警護用のフェンスはもとより、警備員の姿もない。世界で最も安全な国と言われるアイスランドならではの光景なのだ。

市民でも観光客でも気軽に近くまで行ける為、時には私服で庭を散策中の大統領に遭遇することもある。海外からの観光客が話しかけると、大統領は気さくに応対してくれ、「私がこの国の大統領です」と真面目に自己紹介するのだが、大半の人が大笑いするだけで、信じてくれないそうだ。大統領の気さく、且つユーモア・センスに富んだお人柄を表すエピソードの一つだ。

COFFEE ☕ BREAK

女性泣かせの大統領官邸？

筆者が信任状捧呈の為に、最初に大統領官邸を訪問した際、外務省の儀典長から面白いエピソードを聞いた。それは「実

はこの官邸は、女性の外国大使や男性大使の奥様方からの評判が必ずしも芳しくないんだ」というもの。その理由は、官邸の周囲に風を遮るものが何もない為、いつもはかなり風が強く、女性の大使や大使夫人が訪問される際、時間をかけてセットした髪型が、車を降りて玄関を入るまでの一瞬の間に、大きく乱れることがたびたびあるからだそうだ。幸か不幸か、筆者が訪問したその日は、奇跡的に無風だったのだが。

世界最大の人工露天温泉
「ブルーラグーン」がある国

　ブルーラグーンは、レイキャビク市の南西約40kmに位置する人工の露天温泉場。名前の由来は、中に含まれるシリカ等のミネラル成分が青白い（ブルー）湯と湯気で幻想的な雰囲気を作っているからだ。

　最大の特徴はその広さで、面積は約5000m²。これは競泳用50mプールの4個分に相当する広さで、露天温泉としては世界最大。温泉全体を一周するだけで十数分かかるほどの広さ。深さは場所によってまちまちで、最深部は1.4mほど。白濁した温泉水には高い皮膚病治癒や美容効果もある為、アイスランド国内はもとより欧米各国からも多くの人が訪れる（巻頭カラー写真参照）。

　ケプラヴィーク国際空港から20km前後の好位置にあるこ

ともあり、アイスランド随一の観光スポットになっている。因みに、2017年のアイスランドへの外国観光客数は180万人（2018年は230万人）だったが、その内、ブルーラグーンの利用者は130万人に達したというから、アイスランドに来た人の7割以上が利用した計算になる。

アイスランドには、地熱を利用した温水・温泉プールがどの町にも必ず一つはあるほど普及しているが、実はこのブルーラグーンは自然に湧出する温泉から作られたものではない。偶然が重なったものだが、そのユニークな歴史をご紹介しよう。

もともとこの場所は、第二次世界大戦後の米ソ冷戦時代に、アイスランドに駐留していた米軍が建設した空軍基地（現在のケプラヴィーク国際空港）の周辺に新たに土地が必要となり、当時誰も住んでいなかった溶岩台地を政府が米軍に提供した場所だった。そして、その基地と周辺住民の為に新たな電力が必要となった為、1976年に地熱発電所（現在のスヴァルスエインギ地熱発電所）が建設された。

地熱発電所の仕組みは、地下から汲み上げた蒸気でタービンを回し発電する訳だが、この蒸気は、地下2000m付近で海水と淡水が混じりあって出来たもので、地上に向かう途中でシリカをはじめ様々なミネラルを取り込む。タービンを回した蒸気は、その後真水を熱する為にも利用され、温められた真水は暖房用として周辺の家庭へと送られる。一方で、一

部の蒸気は（冷却化すると）温水となり、発電所の外にそのま
ま排出、流された。しかし、排出された温水がシリカを含ん
でいた為、周辺の溶岩はシリカで覆われてしまい、水を通さ
なくなった。

　地下への行き場を失った温水は地表にたまり始め、徐々に
ラグーンを形成。そこに、いつからか発電所の作業員が（こ
っそりと）お湯に浸かり始め、その中の一人が乾癬という皮
膚病を患っていたのだが、この湯に浸かっているうちに皮膚
病が完治するという偶然が起こった。

　これに注目した人達が、この場所に小さな小屋を建て、温
泉を楽しむ一方、学者達が皮膚病との関連性や成分について
の研究も始め、やがて1987年に「ブルーラグーン」として
立派な施設が一般向けにオープンすることになった、という
ことなのである。

　当初は、入浴客はアイスランド人が殆どで、入浴料もただ
同然だった様だが、次第に外国人観光客にも人気のスポット
となり、特に2010年代に観光ブームが到来してからは、入
浴料も高騰、予約をとるのも一苦労という人気振りである。

　運営会社の社長から伺った話によれば、1987年に一般に
オープンする前後には、運営会社の関係者で訪日し、熱海で
温泉経営について勉強、その経験をブルーラグーンの経営に
活かしてきたというから興味深い。

　また、近年の世界各国からの観光客の利用に対応する為、

600名の従業員の中には30ヶ国の異なる国籍を持つスタッフがいるという。日本人スタッフはいないが、日本で勉強したアイスランド人スタッフが何人かいるので、必要な際には日本語対応も可能なのだと。また、敷地内には既存の4スターホテルに加え、2018年に5スターの超高級ホテルとスパも開業している。

　ブルーラグーンの青白いお湯には、既述の通りシリカを中心とする皮膚病に有効な様々なミネラルが混ざっている為、敷地内に建設された本格的なラボで研究を続け、皮膚病薬や化粧品等を開発、お土産としても販売している。

COFFEE ☕ BREAK

ブルーラグーン体験記

　筆者も駐在中に何度か訪問する機会があったが、赴任直後の2016年11月中旬、勤務先の同僚と初めて体験した際の模様を紹介したい。当日は、車で早朝07：45にレイキャビク市内を出発。日の出が10：26だった為、まだ真っ暗闇の中を空港方面に向かう高速道路を南下。本当は日が昇ってから出発したかったのだが、ようやく取れた予約が、❶午前9時までに入場が必要、❷料金は55ユーロ（当時約6400円）、というものであった為、仕方がない。

　40分ほど走ると、ブルーラグーン方面と空港方面へと分かれる分岐路に到着。片側1車線の分岐路には街灯がなく、且つ、全員が訪問初体験ということで、慎重に車を進める

と15分程度で駐車場らしき場所に到着。

　そこから、溶岩が道の両側に切り立った崖の様にそびえる遊歩道を5分歩くとブルーラグーンが見えてきて、建物の入口に到着。予約票を見せると、1人にひとつずつセンサー付きのリストバンド（腕輪）が与えられるが、この腕輪がロッカーの鍵になり、飲食代や土産物の支払い等も全て行えるという優れもの。早速、シャワーの後、水着を着用してラグーンに入浴。

　第一印象は、日の出前の薄明りの中で青白い湯気で輝くラグーンは、文字通り「ブルーラグーン」であり、とても幻想的な雰囲気。外気温が0度前後と寒いだけに、ラグーンに浸かると何とも言えない心地よさ。お湯の温度は37〜40度にコンピューターで管理されているという。入浴当初は時間も早かった為、入浴客もまばらであったが、時間の経過と共に増えてきた。圧倒的に欧米人が多かったが、中国語もあちらこちらで聞かれた他、日本人も数組確認出来た。

　とにかく広いので、行ける所まで行ってみようとするが、幻想的な薄明りの中、全体像が摑みづらい。温水の温度が37〜40度というのも絶妙で、熱過ぎるとすぐにのぼせてしまうのだが、この温度なら何時間でも浸かっていられる。一度入場してしまえば時間制限はないので好きなだけ浸かっていられるのだが、この日はコーヒーブレイクをはさみ2時間前後の滞在を満喫した。

　次回は、ブルーラグーンに浸かりながら、満天の星空とそこに舞う神秘的なオーロラが見られる時間帯に是非行ってみたい！

クリスマスに13人のサンタが出現する国

アイスランドのクリスマスには1人ではなく、13人のサンタが出現する。彼らは北欧神話に登場するトロール（妖精）やオーグル（鬼）の子孫で、「ユール・ラッズ（Yule Lads、氷語ではJólasveinar）」（図5）と呼ばれている。

「ユール」とは、もともとゲルマン民族やヴァイキングの間で、一年で最も日照時間の短い冬至の頃に行われていた「光の祝祭」のこと。アイスランドは紀元1000年にキリスト教化されたが、土着の信仰は色濃く残り、キリスト教のクリスマスと"光の祝祭"が結びついた独特の風習が「ユール・ラッズ」を生んだとされる。

伝承によると、彼らはクリスマスの13日前から1人ずつ山から街へ下りてきて、家々を訪問し、子供達にいたずらをしたり、怖がらせることに喜びを見いだす存在であった。

しかし、1746年に法律が制定され、親が子供を「悪い小人や悪いサンタ」で怖がらせることを禁じた為、ラッズの性格も長い時を経て「徐々に優しい性格に変わっていった」という。そして、プレゼントを贈る習慣が始まったのは20世紀に入ってからで、これは明らかに欧米のサンタクロースの影響らしい。

今では、子供達は12月12日の夜になると自分の部屋の窓に靴を用意し、24日の夜までに下りてくる13人のラッズ（サ

図5｜ユール・ラッズ

ンタ）の一人一人が靴の中にプレゼントを入れてくれるのを
待っている。日頃の行いが良い子にはお菓子か玩具を、行い
が悪い子には、腐ったじゃがいもを入れられてしまう。

　そして13人目のラッズが下りてくる24日には、13人のラ
ッズが集結してお祝いをし（従って24日のプレゼントが最も高価、
或いは子供が最も欲しいもの）、その後、25日からまた1人ずつ
順番に山に帰って行き、最後の1人が山に帰るのが1月6日で、
この日をもって、ホリデーシーズン（年末年始のお祭り）の終
わりとなる。[23]

　現在のアイスランド人家庭の典型的なクリスマスは、12
月24日の夜6時に正式に始まる。その前にお墓参りをして
キャンドルをともし、敬虔なクリスチャンは教会でミサに参
加してクリスマスを迎える。クリスマスディナーの定番料理
は燻製豚。ご馳走のあとはツリーの下に集めておいたプレゼ
ントを開き、クリスマスカードをあける。そして、25日には、

日本の正月のように親戚が一堂に会し、昼食を共にする。

　子供達へのプレゼントについて、友人夫妻に「両親は少なくても13×子供の人数分だけプレゼントを用意する必要があるのだから、プレゼント選びもさぞ大変だろう」と尋ねたところ、「確かに、プレゼントを準備するのはひと仕事なのだが、一方で13日間毎日子供達の喜ぶ顔が見られることも確かなので、親にとっても嬉しいシーズンなんだ」との回答で、これには納得。

　さらに夫妻によると、90歳を超える両親から今でもプレゼントを貰っている一方、夫妻も両親にプレゼントをあげるのだそうだ。また、夫婦間でもプレゼントの交換を行うのが一般的とのことだったので、「では夫婦間でプレゼント交換を行う場合、誕生日・結婚記念日・クリスマスのいずれが最も重要か？」と質問すると「それはもちろんクリスマス！」との即答だった。

COFFEE ☕ BREAK

ホワイト・クリスマスならぬレッド・クリスマス？

　レイキャビクでは毎年12月の上旬になると、「今年はホワイト・クリスマスになるだろうか？」と人々やマスコミの話題になる。何故なら、クリスマス時期に降雪や積雪があるのは決して当たり前のことではないからだ。気象庁は「直

前にならないとまだ判らない」といったやきもきさせる予想を出すのが通常だが、時には、「ホワイト・クリスマスではなく、レッド・クリスマスになる可能性が高い」といった予報を出したりする。

　言うまでもなく、ホワイト・クリスマスは白い雪に覆われたクリスマスの意味だが、「レッド（赤い）・クリスマス」とは何を意味するのか？　答えは簡単で「雪のないクリスマス」。「レッド・クリスマス」と呼ばれる理由は、英語の "Red" に相当するアイスランド語の "Raud" には、「赤い」という意味の他に「（雪に）覆われていない」という意味もあるからなのだそうだ。因みに、デンマーク語では、雪のないクリスマスを「グリーン（緑の）・クリスマス」と呼ぶらしく、これは大変理解しやすい。

COFFEE BREAK

アイスランドの年末年始

　典型的なアイスランド人の大晦日のスケジュールを紹介すると、昼間は「普通の日」、つまり祝日ではないが、政府から「半ドン」とする様指導されている為、午後には帰宅し、その日の夜の準備を行う。

　夜6時か7時頃から家族や友人で集まる夕食会が開かれ、10時半からは全員でテレビの前に集合し「アゥラモゥタスコイプ」（Áramótaskaup）と呼ばれる国民的人気番組を見る。その内容は、その年に起こった出来事を面白可笑しく振り

返るコメディー番組で、日本の紅白歌合戦の様な位置付けの様だ。

そして、この番組が終了する午前0時前に、外に出て盛大に花火を打ち上げ始める。アイスランド人に言わせると「ニューヨーク、ロンドンに次いで世界で3番目に凄い！」とのことだが、その特徴は、政府や団体主催ではなく、文字通り、市民一人一人の花火大会であること。

そしてもう一つユニークなのは、花火の販売を行うのが、国内で遭難者の捜査・救難（サーチ＆レスキュー）活動を行っているボランティア団体のみで、この売り上げが捜査・救難活動隊の活動資金になっていること。

例年、国内130前後の場所でこの花火が販売されるが、販売が始まると我先にと人が集まり、かなりの金額を花火につぎ込む。小さな子供でも数千円は購入すると言われ、平均的な家庭では数万円、大家族では100万円近くつぎ込むケースもあるとか。年末年始を誰よりも盛大に祝いたいという想いと、救難活動を支えるという社会参加意識にも促され、年々規模が拡大、街のあらゆるところから花火が上がり、大晦日のクライマックスを迎える（巻頭カラー写真参照）。

規模の面から言えば「世界で3番目に凄い！」というのは言い過ぎだろうが、花火師や大組織が一切関与しない文字通り市民一人一人が作り上げる花火大会としては「世界一」なのかも知れない！

ほぼ全員がボランティアで構成される
災害救助隊が活躍する国

　アイスランドで災害救助活動を行う組織（レスキュー隊）は、ランズビョルグ（Landsbjörg）、英語では ICE-SAR（Icelandic Association for Search and Rescue）と呼ばれている。勿論、警察や消防隊もあるのだが、殆どの遭難事故の場合、先ずこのレスキュー隊が全面に立ち、捜査・救難活動を行うことになっている（写真22）。

　しかも、隊員は「ほぼ」全員がボランティアで、本職は別

写真22 ｜ レスキュー隊（出典：Sigurdur Olafur Sigurdsson）

に持っているものの、事件事故の発生に備え、常時スタンバイ体制をとっているというから凄い。「ほぼ」と書いたのは、この組織にはトップ2名を含め専属のスタッフが17名前後いる為だ（2018年時点）。

　アイスランドの自然は、雄大かつ美しい一方で、同時に大変恐ろしい側面も持っている。例えば、氷河の割れ目や、溶岩大地にある穴に落ちる人がいたり、冬には雪崩や、吹雪の中で車が動かなくなることもある。こういった自然の脅威から身を守る為に、古くから国中に多数のレスキュー隊的な非公式組織が作られ、これらが1999年に合体して、ICE-SARという全国的な組織になった。因みに、最も古いレスキュー隊は、荒波にもまれながら漁業を営む夫達を心配したウエストマン諸島の夫人達によって、今から100年以上前の1918年に組成されている。

　ICE-SARは、国中に100前後の個別レスキュー・チームを持ち、隊員総数は1万人、常時4000人前後の隊員が、毎年1200件前後に及ぶ緊急連絡に対応している。隊員の多くが平時には会社勤めをしているが、近隣地域で緊急事態が発生し、出動要請が届くと、上司はほぼ自動的に当該職員が勤務から離れることを承認するシステムになっている。また、少しアイスランド的だなと思うのは、体の不自由な一人暮らしの老人からの「窓が閉まらなくなった」といった苦情や、夏の終わりに山中に取り残された羊の捜索・救助等について

も、丁寧に対応してくれることだ。

　そんなレスキュー隊の一員になるには、レスキューで必要な特殊技術を学ぶ必要があり、様々な応急処置を学ぶ他、実践トレーニングでは氷河の真ん中に取り残されたり、テントと寝袋で夜を明かし、昼夜問わず起こされ「失踪者」の捜索をする、コンパスとGPSのみを頼りに探索する、といったことも行われる。

　また、海上でのレスキューを専門にするチームでは、氷のように冷たい大西洋の海に潜ったり、空からのスカイダイビング等の訓練も行われ、通常こういったトレーニングを終了するには2年ほどかかる由。

　レスキュー隊の資金は、大晦日に販売する花火の売り上げが全体の7割程度、残りの3割はキーホルダー等物品の売り上げや国民からの募金で賄われている。

　このレスキュー隊は、海外で発生した災害の救助活動も行っており、2010年に中米のハイチで発生した大地震の際には、36名の隊員を派遣、なんと現場に到着したのは海外からの援助隊の中で最も早かったとのこと！　何故そんなに早く対応出来たのか尋ねると、救助隊はその対象が国内・国外を問わず常に24時間体制でスタンバイしていることと、海外派遣の場合には、外務大臣とアイスランド航空の了解を取得する必要があるが、いずれも電話1本で済む体制を作っているからだという。

ハリウッド映画のロケ地として人気の高い国

『ローグ・ワン／スター・ウォーズ・ストーリー』『ゲーム・オブ・スローンズ』『インターステラー』『バットマン ビギンズ』『007／ダイ・アナザー・デイ』『オブリビオン』『スター・トレック イントゥ・ダークネス』『プロメテウス』……等々。

　これらは全て、アイスランドでその一部が撮影された映画・TVドラマである。広大な黒い砂の砂漠、苔むした緑の丘、真っ白い氷河の大地、等々、およそ地球上とは思えない光景があちらこちらに広がるアイスランドは、ファンタジーや

写真23｜地球上とは思えない光景

SFのハリウッド映画の撮影場所にはもってこいの場所となっている（写真23）。

　特に2008年の金融危機後は、アイスランド通貨のクローナが暴落した為、コスト的にも低廉なロケ地として、世界中から撮影クルーが殺到、撮影期間も数週間から数ヶ月という長期だったという。著名ハリウッド映画の撮影場所になれば、映画終了後の「聖地巡礼」も含め、その経済効果は1本当たり10億円規模に達すると言われ、政府としても誘致を進めてきた。

　この「アイスランドでの撮影ブーム」に上手く対応して急成長してきた地元企業の一つにTN社（略称）がある。同社は冒頭に記した映画・ドラマの多くの撮影に関わってきており、同社の幹部はトム・クルーズやマット・デイモン、アンジェリーナ・ジョリーといった大スターともすっかり顔馴染みだそうだ。

　2017年に公開された『ジャスティス・リーグ』という、アメリカン・コミックの人気キャラクターが一堂に登場するSF映画の撮影秘話について、同社の幹部から披露して貰う機会があった。

　撮影は、アイスランドの北西部のフィヨルド地方にある総住民数15名という村で行われたが、そこは電気も水道も住宅もない広大な雪原。そこで400名に達する撮影クルーと映画スターが1週間程度滞在して撮影するという難題を実現し

なければならず、国内外からかき集めた数十台のキャンピングカー（ホテル代わり）と発電機を駆使して、漸く撮影出来たそうだ。

しかしながら2020年近くになると、経済の急回復に伴うクローナ高と物価高が同時に進行した為、海外からの撮影クルーも悲鳴を上げざるを得ず、撮影期間の短縮に努めるようになった由で、特に食費の高さは米国人映画スタッフ曰く、「ロケ弁の値段がマンハッタンの高級レストランのディナー並だ！」といった苦情も出たそうだ。

この為、アイスランドを避け、アイルランドやノルウェーで撮影する動きも出始め、地元の受入れ業者を泣かせていたが、通貨高・物価高の短期的な是正は難しく、TN社もコストの安い海外拠点の設立等の対応に追われていた。

因みに、TN社は、ハリウッド映画のみならず、ホンダ・日産・トヨタといった日本企業のアイスランドでのコマーシャル撮影も請け負っており、今後一層日本マーケットにも進出したいということで、数年に一度は来日し、マーケティング活動を行っている。

▌ 超高級羽毛布団の原料、アイダーダウンを生む国 ▌

日本で1枚数百万円で販売されている「超高級羽毛掛け布団」をご存じだろうか？ 一般的に、羽毛布団には、水鳥のグース（ガチョウ）やダック（カモ、アヒル）の羽毛が使われて

写真24 | アイダーダック（出典：Johann Oli Hilmarsson）

おり、ハンガリー、カナダ、ポーランド、中国等が羽毛の産地として知られているが、その中で「別格」の最高級品とされるのが、アイスランドで採取されるアイダーダウンを使用したものだ。

　アイダーダウンは、アイダー（英語ではEider）乃至アイダーダック（Eider Duck）と呼ばれるケワタガモ類のカモ（写真24）から採取される羽毛の総称。アイダーはいつもは北極海近郊の海上で過ごしているが、毎年5〜6月の繁殖期になると、アイスランドの北西部や東部に産卵の為戻ってくる。

　産卵時にはホルモン分泌の影響で、メス鳥の腹部の羽毛（ダウン）が抜け落ち、抜け落ちた羽毛を敷き詰めて巣を作ることで、強い風の侵入を防ぎ、親鳥の体温を直接「卵」に伝え

られる様になるという自然の仕組みになっている。

　産卵の後、親鳥は24〜25日の抱卵の期間中、殆どの時間を卵の上で過ごすが、キツネやイタチ、ワシといった天敵に襲われることもしばしば。そんな天敵から、アイダーダックを守っているのが、地元の農家の人達で、場合によっては24時間見張りに立つこともあるという。

　そして、産卵の後、無事ヒナの巣立ちが終わる頃、巣の周りに残っている羽毛を農家の人達が収穫して利用する（現在では販売する）という、まさにアイダーダックの恩返しとも言えそうな仕組みになっている。

　一つの巣から採れる羽毛はせいぜい15〜20g程度。アイダーダックは、特別保護対象の野鳥である為、一般的なグースやダックの羽毛の様に、鳥の体から直接羽毛を採取することは許されておらず、全ての羽毛は、産卵から子育ての時期に巣に敷き詰められたものを後で収穫する方法が唯一のもの。

　この収穫方法はヴァイキングの入植時代から1000年以上も続いている為、アイダーダックも人間が天敵から守ってくれることをよく理解しており、産卵の為の巣は意図的に人家や、周辺の島で人間の作った保護区に近い場所に作る様になっているというから驚きだ。[24]

　筆者は、アイスランドの北西部、スナイフェルスネス（Snæfellsnes）半島にあるスティッキスホルムル（Stykkisholmur）という港町に、アイダーダウンの収穫とその後の輸出用処理の

様子を見学に行ったことがある。収穫シーズンは毎年5月中旬から6月末頃までで、その業者は毎年6月初めから自ら所有する小さな島に渡り、そこで3週間前後生活しながら収穫作業にあたっていた。

島にはもちろん電気や水等の生活必需品はないので、小型のディーゼル発電機を含め生活・仕事に必要なものは全て持ち込み、藁で巣を作ったり外敵を防ぐ為のネットを張ったりしながら、アイダーの飛来を待つのだと。

結果的に1シーズンで、約4000の巣から40～50kgに達するダウンを収穫する由で、収穫したダウンは、スティッキスホルムル町にある同社の工場で殺菌・洗浄を行い、その9割を日本の大手寝具メーカー向けに輸出している。また、同社は自社で収穫したダウン以外に、他の農家が収穫したものも買い取っているので、1年間（1シーズン）で処理するダウンは1000kg（1トン）に達する由。

因みに、アイスランド全体（全業者）からのアイダーダウンの海外輸出量は年間3トン前後で、その内7割前後が日本向けで、残りはスイスやドイツに輸出される。全世界での生産量が年間4トン前後である為、世界の75％をアイスランド産が占める計算になる。

では、アイダーダウンは他の羽毛（ダウン）と比べ、何が優れているのかというと、羽毛の先端がかぎ状になっている為、ダウン同士がよくくっつきあい、より大きな空気層が形

写真25｜アイダーダウンの塊

成される為、保温性に極めて優れ、「羽毛のダイヤモンド」
とも呼ばれているそうだ。

　日本で使用される「超高級羽毛掛けふとん」1枚に使用さ
れる羽毛を1kgとすると、60前後の巣から羽毛を集める必
要があるのだが、100gのダウンの日本での買い取り価格は
20万円前後（当時）というから、1枚数百万円という小売価
格となることも納得出来る。

　筆者が最も驚いたのは、羽毛の洗浄工程を見学した際、作
業員から「目を閉じて下さい。両手一杯で抱えたダウンがど
れほどの重さか感じて貰う為に、今からあなたの左右どちら
かの手に載せるので、載ったと思ったら左右どちらか答えて

下さい」と言われ、目を閉じたのだが、いつまで経っても何も感じない。暫く経ってから目を開けてみると、右手に山盛りのダウンが載っていたのでビックリ！ 本当に軽いのだ（写真25）！

意外に多い日本との共通点と 日本ブランドを好む親日国

アイスランドと日本とは、地理的には遠く離れているものの、島国であること、同質性の高い社会であること、火山を有し温泉に恵まれていること、漁業・捕鯨国であること、といった多くの共通点を持っている。さらに言えば、法の支配や人権、自由貿易と民主主義といった普遍的な価値を共有する国でもある。

経済・貿易面では、日本で流通する樺太シシャモの殆どがアイスランド産である他、ラム肉・馬肉、医薬品、化粧品等が輸出されており、日本からは自動車やカメラ等の電気製品を中心に輸入されているが、中でも地熱分野では40年以上の協力関係にあり、地熱発電設備はほぼ100%が日本製である。

日本文化に対する人気も高く、国立アイスランド大学には日本語・日本文化学科が設置され、筆者の滞在中は常時80名近くの学生が学んでいた。アイスランド大学の語学コースの中で、何と日本語は英語に次いで（フランス語・ドイツ語・スペイン語等を凌ぎ）履修者の多い人気コースとなっていた。

写真26 | 花見

　また、毎年1月末に開催する「ジャパン・フェスティバル」
には、3000〜5000人前後（人口の1〜2％に相当）のアイスラ
ンド人が参加してくれていた。勿論、アニメやJポップといっ
った若者文化の人気の高さが背景にあるのだが、生花や茶道、
習字、折り紙といった伝統文化に対する理解も想像以上に高
かった。

　また、年中行事にも日本に関係するものがある。毎年5月
上旬にレイキャビク市の中心部で開催される花見もその一つ
だ。桜の木は、昔から個人単位で輸入・栽培している人達が
いた様だが、事態が大きく変化したのは2011年の5月。日

本アイスランド協会と笹川財団が、レイキャビクに桜並木を作ろうと、日本から桜の苗木を50本送り、市内中心部にあるチョルトニン湖（Tjörnin）のそばの公園に植樹を行ったからだ。

　植樹式には、元大統領やレイキャビク市長、国会議員、現地入りした協会メンバー20名等が参加して盛大に行われ、ヨーン・グナール市長（当時）は「この50本の苗木は、日本アイスランド協会の設立周年である20と、アイスランド日本協会の設立年数である30の数を足したものを表しており、未来永劫のアイスランドと日本の友好関係と両国の平和を象徴している」と挨拶された由。

　以来、毎年5月に市民も参加する花見が開催されているが、残念ながら冬の日照時間の短いアイスランドでの成長は遅く、未だ若木状態（写真26）。何十年後か、この若木達が大木に成長し、文字通り豊かな桜並木を愛でられる日が待ち遠しい。

　今一つの年中行事が、毎年8月6日乃至は9日に行われる灯篭流しである（地元の人はCandle Floatingと呼んでいる）。開催日から想像出来る通り、これは広島と長崎の原爆犠牲者の慰霊と核兵器のない世界を祈る為に、複数の平和団体の合同で1985年から行われている追悼行事である。

　主催者に1985年に始まった経緯を聞いたところ、「被爆40周年を迎えたその年に、日本からレイキャビク市に灯籠が送られてきたので、それを日本と同じ様に流してみよう」

写真27｜キャンドル流し

ということで始まったのだという。

　筆者はもちろん毎年参加したのだが、当日は日没後（毎年22時過ぎ頃）散歩をするかのように多くの人が市内のチェルトニン湖畔に集まり、主催者からの「広島・長崎の犠牲者を悼むと同時に、二度と同様の悲劇を繰り返さないように皆で祈りましょう」といったスピーチの後で、いよいよ灯籠流しが始まる。

　使用される「灯籠」は、アルミ製の平鍋の上にろうそく（キャンドル）を乗せたもので、これに火を灯し湖面に流していく（写真27）。このキャンドルはクリスマスの時などにもよ

く使われる野外用のもので、簡単に消えたりはしないものだ。

　会場には毎年1000人以上の市民が集まり、平和への祈りを捧げるが、参加者の中には現職の閣僚や議員も多い。因みに、この日は、北部のアークレイリ市と北西部のイーサフィヨルズル市等でも同様のイベントが行われる。

　日本からはるか遠く離れた国アイスランドで、一般市民が広島・長崎の犠牲者を悼み、さらにそこから核や平和の問題に思いを巡らせてくれていることは、一人の日本人として感謝の念を禁じ得なかった。

世界的ピアニスト・指揮者のアシュケナージ氏が「第二の祖国」とする国

　ウラディーミル・アシュケナージ（Vladimir Ashkenazy）氏は、言わずと知れた世界的ピアニストであり指揮者である。旧ソビエト出身で、6歳でピアノを始め、1955年ワルシャワで開催されたショパン国際ピアノコンクールで2位に入賞、翌1956年エリザベート王妃国際音楽コンクールで優勝、これを機にヨーロッパ各国や北米を演奏旅行して成功、国際的な名声を確立した人物だ。

　これまでに、ベルリン・ドイツ交響楽団、チェコ・フィルハーモニー管弦楽団、シドニー交響楽団等々の他、日本でもNHK交響楽団の音楽監督、首席指揮者のポスト等を歴任した為、ご存知の方も多いと思うが、彼とアイスランドとのつ

ながりはあまり知られていないのではないかと思う。

　実は、彼は1961年に、当時モスクワ音楽院に留学していたアイスランド出身のピアニストと結婚、その後1963年にソビエトからロンドンへ移住、さらに1968年にはアイスランドのレイキャビクに居を移して市民権を申請、そして1972年にはアイスランド国籍を取得しているのだ。

　居住地としてアイスランドを選んだ理由は、ご夫人がアイスランド人だったことに加え、ロンドンのようなストレスが大きな大都市に比べ、アイスランドの穏やかで静かな環境がピアニストにとって理想的な場所であった為だ。そしてまた、アイスランドは小国ながら亡命や市民権をもとめる芸術家や文化人に対し、支援を惜しまない寛容な国だったことも一因であったのではないかと思う。

　より最近の例で言えば、チェスの天才だった米国人ボビー・フィッシャー氏の例もある。冷戦時代にソ連のチェス王者を破り、一時「米国の英雄」になっていた彼が、1992年に（米国が経済制裁をし、参加を認めなかった）ユーゴスラビアでのチェス大会に参加し、優勝して賞を受け取ったことからアメリカ政府から国籍をはく奪され、流浪先の日本で入国管理局に身柄を拘束されていたところを、2004年、アイスランド政府が国籍を与え、引き取った例である。

　アシュケナージ氏に話を戻すと、実は筆者の駐在当時の日本大使公邸は、アシュケナージ夫妻が1972年に新築し、78

年にスイスに移住するまでの6年間住んでいた住宅で、現地では「アシュケナージ・ハウス」として有名で、タクシー運転手にも細かい住所を伝える必要がないほどだった。

　場所は市内中心部から車で10分ほどの閑静な住宅街の一角にある。敷地面積は1500 m^{2}前後、地下1階地上2階建てで総床面積は700 m^{2}前後、部屋数はバスルームを含めると20。付近には今でこそ豪邸が建ち並ぶが、新築当時はひときわ異彩を放つ豪邸であったらしい。

　1968年から拠点をアイスランドに移し各国での公演活動を始めた同氏は、フライトの利便性を理由（各国を常時公演旅行する夫妻にとって、アイスランドからヨーロッパ各国へのフライトが当時それほど多くなく不便になった為）に、78年には拠点をスイスに移してしまうが、その後もアイスランドへの恩返しとも言える活動は継続している。最も大きな貢献は、アイスランド交響楽団の指揮と、コンサートホールの建設支援だ。

　同氏がピアニストとしての活動に加え、指揮者としての活動を始めたのは1970年代の初めで、1972年にはアイスランド交響楽団の指揮も始めたが、当時アイスランドには立派なコンサートホールがなかった為、音響設備が乏しい映画館と兼用のホールを会場として使用せざるを得ず、その状況を何とかしようと決意。

　1985年にロンドンでアイスランドのコンサートホール建設の為の資金を集めるチャリティーコンサートを行ったのを

皮切りに、その後も陰になり日向になり、コンサートホール建設の為に支援を続け、そしてついに2011年5月に完成したのが、4つのコンサートホールと国際会議場の施設を持った「ハルパ（Harpa）」である（巻頭カラー写真参照）。1万枚の窓ガラスを幾何学模様に組み合わせた斬新なデザインで、名称のハルパはアイスランド語で女性の名前や妖精、楽器のハープ、「長い冬を終えた後の夏の始まりの日」等の意味がある。

　その功績もあり、今でも多くのアイスランド人は「アシュケナージ氏は国の宝だ」といった賛辞を惜しまない。

COFFEE BREAK

アシュケナージ氏と日本、辻井伸行さんとの関係

　筆者が住んでいた大使公邸がアシュケナージ氏ご夫妻の元自宅というご縁と、2018年4月の辻井伸行さんのアイスランド公演、さらには、同年11月のアイスランド交響楽団の日本公演、等々の関係で、アシュケナージ氏ご夫妻には3度、辻井さんにも2度、公邸にお越し頂き、親しくお話をする機会があった。

　その際のお話によれば、アシュケナージ氏は1965年に初来日以後、頻繁に日本を訪問、北は北海道の釧路から南は沖縄まで、全国津々浦々を回られたと。その間、2000年10月に初めて、NHK交響楽団（N響）の定期公演の指揮台に立ち、2004年から2007年までは音楽監督を務め、その後

はN響の桂冠指揮者（Conductor Laureate）として活躍する等、ほぼ毎年訪日していると。

　日本のピアニストでは誰が好きかと聞くと、「辻井伸行さんが素晴らしい！」と夫妻で絶賛していた（『ノブ』と呼ばれていた）。従って、辻井さんのアイスランド公演ではアシュケナージ氏が指揮者を務め、アシュケナージ氏がアイスランド交響楽団を率いて訪日公演を行った際には、辻井さんがピアニストとして参加するという、親密な関係を築かれていた。

　日本食については、夫人が寿司（生魚）が駄目な他は、すき焼き・しゃぶしゃぶ・天ぷら・ラーメン等、何でも好きで、特にアシュケナージ氏は「寿司を食べ出したら止まらない」と。さらに、「好きなピアノはやはりスタインウエイでしょうか？」と尋ねると、「そうです。ただその次に好きなのはヤマハ。耐久性等を考えるとヤマハが1番かも知れない」、（夫人）「彼はどこに居る時でも側にピアノがないと落ち着かないの。だから、ギリシャで持っているヨットの中にもヤマハのグランドピアノをいれていたの」。

　因みに、アイスランド人の夫人も2歳でピアノを始め、3歳の時にはリサイタルを開いていたというほどの神童だったが、留学先のモスクワ音楽院でアシュケナージ氏に出会い結婚した後は、自分のピアニストとしてのキャリアは捨て、夫の「付き人兼理解者兼音楽アドバイザー」としての役割に専念していたそうで、アシュケナージ氏がリハーサルの後真っ先に意見を求めるのは夫人だったそうだ。

　2020年1月、アシュケナージ氏が「公の場での音楽活動から引退する」ことを発表されたのは如何にも残念だが、彼のアイスランドと日本への愛は今後も変わらない筈だ。

ジョン・レノンの平和への祈りが
光の束となって天空に舞う国

アイスランドでは、毎年10月上旬から12月上旬の間の日没後、強力な青白い光の束が天空に舞い上がる様子を見ることができる（写真28）。

これは、オノ・ヨーコ氏が1980年に凶弾に倒れたジョン・レノンの思いを胸に、世界平和を祈念して2007年に建てた「光の塔」とも言うべきモニュメントで「イマジン・ピース・タワー」と呼ばれている。

光の塔と言っても、物理的な「塔」はなく、ライトがセッ

写真28 | イマジン・ピース・タワー（出典：Reykjavik Museum of Photography）

トされた直径17mの円筒形の台座と、その中央に設置された光の源である直径4m、高さ2mの円筒形のウィッシング・ウェル（願いの井戸）があるだけだ。

　ウィッシング・ウェルの底には、合計で15台のミラーとサーチライトがあり、そのライトは天に向かって15の幻想的な青白い光束を作り、これが光の塔の様に浮かび上がって見えるもの。このウィッシング・ウェルには、24の異なる言語で「イマジン・ピース」というメッセージが刻まれている（日本語のメッセージは「平和な世界を想像してごらん」）。

　何故、オノ・ヨーコ氏がアイスランドに「光の塔」を建てたのかというと、「世界最北の首都レイキャビクから世界中に平和の光りを放つ」という意味合いもあるが、何より夫婦にとってアイスランドが「平和で環境にやさしい」特別な国であったからだという。

　このタワーの完成点灯式は、ジョン・レノンの67回目の誕生日である2007年10月9日の夜、現場にオノ・ヨーコ氏の他、リンゴ・スターやレイキャビク市長等が参列して行われた。以来、毎年ジョンの誕生日である10月9日から、命日12月8日まで、また、冬至の日、大晦日、そして春の第1週目（3月21日〜28日）に点灯させ、日没2時間後から夜12時まで光のタワーが登場することになったもの。

　このタワーが設置されている場所は、レイキャビクの沖合にあるヴィーズエイ島で、レイキャビクの港からフェリーに

乗り、10分程度で到着する。毎年、10月9日の点灯式には、オノ・ヨーコ氏ご本人に加え、レイキャビク市関係者や一般市民らが島に集まり、厳粛且つ盛大な式が開催されている。

COFFEE BREAK

イマジン・ピース・タワーの点灯式

　筆者は毎年の点灯式に都合がつく限り参加していたが、その中で最も印象深い、2017年10月9日の点灯式に初めて参加した際の模様をご紹介したい。当日は市政府幹部と国会議員、外国大使等の特別招待客が夜8時前にレイキャビク湾そばのハルパに集合、専用の小型フェリー数台に分乗し、10分でヴィーズエイ島に到着。生憎の小雨が降る暗闇の中を15分ほど歩くと、光りを放つ台座の周辺に既に800人前後の一般市民が集合していた。

　24人の女性からなるアカペラ・コーラス・グループがジョン・レノンの"イマジン"や、アイスランド曲を数曲披露した後、エガルトソン市長が開会の挨拶を行った。そして、例年であれば市長挨拶の後、オノ・ヨーコ氏自身が現場で挨拶を行うことになっていたが、その年は足の調子が悪いとのことで、現場に特別に設置された大ビデオ画面を使い、市内の迎賓館からのライブ・メッセージが放映された。ご自身もミュージシャンであるご子息、ショーン・レノン氏と一緒に "Thank you everyone, I love you !" と呼びかける力強いメッセージだった。

　その後、丁度9時にライトが点灯されると、天に向かって

青白い光束が見事に浮かび上がった。まるでCGで描かれたかの様な、鮮やかな、しかし幻想的な光の束に、暫し息をのんだ。

　その後も音楽を楽しみつつ光束を眺めていたが、特別招待を受けた我々は早めにフェリーに引き返し、市内の迎賓館で待つ、オノ・ヨーコ氏との懇親レセプションに向かった。レセプションには、現地に行けなかったVIP客も参加し、合計で50〜60名という盛況振り。エガルトソン市長が歓迎挨拶を行った後は、ソファに座るオノ・ヨーコさんの元に希望者が順番に挨拶、筆者も暫し親しくお話をさせて頂いた。

国民の半数以上が
「妖精」の存在を信じている(?)国

「アイスランド人の54%は、今でも"妖精"や"見えざる人々（hidden people)"の存在を信じている」。これは筆者が駐在中に現地新聞で発表されたアンケート調査結果だ。[26]

　北欧のゲルマン神話では、自然の中に複数の神々が存在するとし、この意味では神道の「八百万の神（やおよろずのかみ)」と共通する面もあるが、その神話を起源とする民間伝承の中に、「エルフ（Elves)」や「トロール（Trolls)」と呼ばれる妖精が登場し、アイスランドでは今でも非常にポピュラーな存在である（図6)。

　エルフは（目撃したという人々によると⁉)「人間に似ている

が、やや小型で、普段は穏やかな生き物」であり、主に岩の中に住んでいるとされる。従って、今でも道路工事等の際には、エルフが住むと言われる岩や石を避けて工事が計画されることが普通に行われている。

　最も有名なエルフにまつわる最近の事件（？）は、シグルフィヨルズルというアイスランド北部にあるニシン漁が盛んな漁港で起こった。2015年の8月、街を通る国道に山からの土砂崩れで大量の泥土や岩が堆積、その土砂の撤去の際、国道脇にあった「エルフの岩」を誤って土に埋もれさせてしまったことが悲劇の始まり。その後、作業員の中に負傷者が出たり、重機にも故障が多発、さらには、その噂を聞きつけて取材に来たジャーナリストも負傷したという。度重なる事故を憂慮したアイスランド道路管理局は、とうとう「エルフの岩」の掘り出しを決め、高圧洗浄機できれいに泥も洗い流したのだとか。

　実は、アイスランドでは2012年に「妖精遺産保護法」なる法律まで成立しており、その3条F項に「昔ながらの

図6｜エルフ（出典：Kristinn Palsson）

言い伝え（伝承、民話、習慣）に関連する場所などを保護する」
という項目があり、エルフに関係すると言われる岩などが保
護指定されている。上記の岩の掘り出しの決め手となったの
は、人々の恐れに加え、この法律の存在もあった為らしい。

　それでは、この科学万能の世の中で、アイスランド人は本
当にエルフの存在を信じているのか？　筆者が何人かの識者
に尋ねたところでは、「信じている人も確かにいるが、多く
の人は、信じているとは断定しないものの、過去何世紀も神
話や伝承という形で身近な存在であったエルフを『否定した
くない』『信じていたい』という気持ちを持っている、とい
うのが正解だと思う」とのことだった。

国民の読書熱と出版熱がとても高い国

　アイスランド人は読書が大好きだが、その読書熱を実感さ
せてくれるのがクリスマスだ。クリスマス・ギフトとして最
もポピュラーなものが本で、この時期、アイスランド人は平
均2.1冊の本をギフトとしてあげ、逆に1.1冊の本を貰うの
だそうだ（2018年時点）。

　実際、クリスマスの1〜2ヶ月前には殆どの家庭に、その
年に出版された数百冊もの新作本を紹介する分厚いボウカティ
ディンディ（Bókatíðindi）と呼ばれる「本カタログ」（図7）が
送付され、家族や友人の間で「さあ、今年は誰にどの本を送
ろうか、自分は何を読もうか」といった井戸端談義が始まる。

統計によると、1人当たりの年間の読書量は平均で11.5冊、家庭での蔵書数も世界でトップクラス。さらには「本は読むだけのものではなく、自分でも書く（出版する）もの」との考えも根付いており、最近の年間出版書籍数は（人口36万人のなか）1600冊前後。「アイスランド人10人の内1人は、生涯に1冊は本を出版する」というのがこの国の常識になっている。

図7｜本カタログ（出典：bokatidindi.is）

　勿論、書くことを職業とする作家による出版が多いのだが、一般市民による「自伝」や「伝記」も相当な数にのぼり、実際、筆者も出版経験のある複数の「一般市民」の方々にお会いしたことがあった。インターネット等の電子メディアの台頭も、この旺盛な読書熱・出版熱にはさほど影響を与えていない。

　では何故、アイスランドの人達にはこれほどまでに読書熱・出版熱が根付いているのだろうか？　さまざまな説明が可能だと思うが、やはり「サガ」に代表される口述や記述の伝統が、現在まで脈々と伝わっていることが大きな理由の一つだと考えられる。

　特に、冬の気候が厳しく、日照時間も極端に短くなってしまう状況では、暖炉の周りに家族が集まり、お母さんが編み物を、お父さんが子供達に物語を読み聞かせるといった家族の営みが1000年以上も伝承され、その話術や読書習慣が極めて自然な形で現在の各家庭にまで引き継がれているのだろう。

　前述の自伝を出版した方に出版理由を尋ねてみても、「特別な理由があった訳ではない。強いて言えば、祖父も自伝を書いていたし、自分としても子孫に記録として残しておいた方が良いと思ったからだ」といった回答で、やはり極めて自然な営み・伝統の一部になっているのだろうと感じる。

　そんな読書熱・出版熱の強いアイスランドだが、一般の日本人がアイスランド人作家の作品に触れる機会は極めて限られていると思う。古くは、「ノンニ」シリーズで有名なヨーン・スウェンソン氏（Jón Stefán Sveinsson, 1857-1944）による童話や冒険小説が、また1955年にノーベル文学賞を受賞したハルドール・ラクスネス氏（Halldór Kiljan Laxness, 1902–1998）の「独立の民」等が、一部の方々に知られている程度ではないだろうか。

　実はアイスランドは、他の北欧諸国と同様、「ミステリー小説大国」として世界的な評価が高い。アーナルデュル・インドリダソン氏（Arnaldur Indriðason）や、筆者もお付合いがあったラグナル・ヨナソン氏（Ragnar Jonasson）のミステリー・

シリーズは邦訳も出版されているので、是非読んで頂きたい。

　逆に、アイスランドに於ける日本の作家の知名度や人気について言えば、三島由紀夫氏や村上春樹氏が有名だが、駐在中最も驚いたのは、読書好きで知られるカトリン・ヤコブスドッティル首相から「東野圭吾さんの小説を楽しく読んでいます」との話を聞いたことだった。英語版を読まれたのだろうと思い、さっそく書店を覗いてみると、何とアイスランド語版も出版されており、改めて当国の読書熱・出版熱を再確認する結果となった。

変革者意識が高い国（小さな国の大きな力）

　最後に、アイスランド人の気質や、国としての戦略等について少し触れておきたい。サッカー代表チームが、ほぼ無名の状態から2016年の欧州選手権、さらには2018年のワールドカップ・ロシア大会で奇跡の大躍進を遂げたことについては既に触れた。

　そしてその背景には地道な戦略の策定と実行があったことを挙げたが、その他に個人的により注目したいのは彼らの内面の強さ、換言すれば、強者に対峙しても怯んだり容易に呑まれることがない精神構造だ。

　現地で日々アイスランド人に接していて感じたのは、小国であることを謙虚に認めつつも、それをポジティブに捉え「小国であるからこそ自分の行動で社会や国を変えられる」とい

った気概を持つ人が相対的に多いことであった。起業家率の高さもこれを裏付けている。

　そして、この「変革者意識」とでも言うべき気質は、国家レベルでも同様である。近年、北極圏の経済・地政学上の重要性が益々高まりつつあるが、今から10年前の2013年に、当時のグリムソン大統領が、ダボス会議の北極版とも言うべき「北極サークル」という大規模な国際会議を創設、北極政策に主体的に係わっていこうとする意思を明らかにし、以来、毎年世界60ヶ国前後から2000人以上の参加者を集めている。

　同様に、既述の再生可能エネルギーの活用やジェンダー平等の推進といった分野でも国際会議を主宰しているし、LGBTを含む人権問題や海洋プラスティックごみ、食品ロスといった地球規模の問題に対しても、いち早く先駆的な取組みを行うことによって、国際社会に於ける建設的な役割や発言力を確保しようとしている。

　小国であるがゆえに利害関係者も少なく、大胆且つ先進的な取組みを行うことが容易なのだろうが、それにしても、である。それではこの「変革者意識」はどうやって生まれるのだろうか？　教育システムも関係しているのだろうが、私見ではもっと根本的なところにも理由があるように思う。それは、身近な人の活躍を目にする機会が多いからではないだろうか。

「世界で最も平和で安全な国」の項でも述べたが、「多くの

市民がお互いのことをよく知る社会」の中で、昨日まで同僚だった友人や知人が国会議員に選出され国を動かす活躍や、外務大臣として世界の舞台で渡りあう姿、さらには親類の娘が歌手デビューしたり、息子が小説家として世界で有名になる、といった姿を頻繁に目にすることで「特別な存在ではない彼に出来るのなら、自分も何か出来るのでは」と考える様になるのではないか。

　その答えがどうであれ、この「変革者意識」をリードしているのが、現在のヨハネソン大統領だ。彼が海外で講演される際のお気に入りのテーマの一つが、正に「小さな国の大きな力」「国際関係に於ける小国の役割」「身の丈以上のパンチ力（Punch above its weight）」、といった意欲的且つ果敢なもので、これこそがアイスランド精神の真骨頂ではないかと思う。

〈了〉

【 参考文献 】

(1) "How did Iceland get its name?" by Iceland Review, April 20, 2013

(2) "Scientists memorialize the first glacier lost to climate change in Iceland" by CNN, July 22, 2019

(3) "June 8, 1783: How the "Laki-eruptions" changed History" by Scientific American, David Bressan, June 8, 2013

(4) "Grímsey Island, The Arctic Circle" by Akureyrarbær
https://www.akureyri.is/grimsey-en/moya/news/the-arctic-circle

(5) " 3000-Year-Old Trees Excavated Under Glacier" by Iceland Review, December 4, 2017

(6) "Weather in Iceland, what is the weather like in Iceland ?" by Arctic Adventure
https://adventures.is/blog/weather-in-iceland/

(7) "Does It Snow In Iceland?" https://doesitsnowin.com/iceland/

(8) 「太陽風エネルギーの磁気圏流入に対する電離圏応答の南北極域共役性の研究」、大学共同利用機関法人 情報・システム研究機構 国立極地研究所 北極観測センター https://www.nipr.ac.jp/aerc/research/KP-5.html

(9) "The majority of Icelandic female settlers came from the British Isles" by deCODE genetics, Feb 2, 2001

(10) "The Viking Explorer Who Beat Columbus to America" by Christopher Klein, October 8, 2013 (Updated: May 25, 2023)

(11) "Christopher Columbus in Iceland" by Sunna Olafson Furstenau, Icelandicroots.com, updated Jan 5, 2021

(12) "Population - key figures 1703-2023" by Statistics Iceland

(13) "Euro 2016: Iceland shocks England in historic upset to reach quarterfinals" by CNN, June 28, 2016

(14) "How the 23 players for Iceland national team were selected" by www.reddit.com

(15) "Sheep Population In Iceland Has Dropped By 50 Percent" by The Reykjavík Grapevine, May 8, 2020

(16) "Agricultural Production 2022" by Hagstofa Islands, Statistics Iceland

(17) "Íslendingabók (genealogical database)" by Wikipedia

(18) "List of Miss World titleholders" by Wikipedia

(19) "Swedish Patronymics, Understanding the Swedish Naming System" by Kimberly Powell updated on July 30, 2018

(20) "Ranking of largest geothermal plants worldwide as of January 2021" by Statista

(21) "How Iceland's Carbfix Project is turning carbon dioxide into rock" by World Economic Forum, May 21, 2019

(22) "The Many Benefits Of Letting Babies Sleep Outside In The Cold", November 18, 2022, The Eco Baby Co

(23) "Meet Iceland's 13 Santa Clauses– The Yule Lads" by Iceland Wonder, December 12, 2017

(24) "Icelandic Eiderdown: A Sustainable, 1000-Year-Old Tradition" by Icelandic Down

(25) "2007 Unveiling of IMAGINE PEACE TOWER" by imaginepeacetower.com

(26) "More Than Half of This Country Believes in Elves For real." by Rich Warren, National Geographic, December 2, 2017

〈著者紹介〉
北川靖彦 (きたがわ やすひこ)

1957年高知市生まれ。1980年早稲田大学卒業後、三菱商事株式会社入社、マニラ支店、経営企画部、会長業務秘書、シンガポール支店長、業務部長等を経て、2011年執行役員に就任。2016年三菱商事を退職、外務省に入省、駐アイスランド特命全権大使に就任。2020年2月帰国、同3月外務省を退官。

アイスランド、
元大使が綴る意外な素顔とその魅力

2024年4月17日　第1刷発行

著　者　　　北川靖彦
発行人　　　久保田貴幸

発行元　　　株式会社 幻冬舎メディアコンサルティング
　　　　　　〒151-0051　東京都渋谷区千駄ヶ谷4-9-7
　　　　　　電話　03-5411-6440 (編集)

発売元　　　株式会社 幻冬舎
　　　　　　〒151-0051　東京都渋谷区千駄ヶ谷4-9-7
　　　　　　電話　03-5411-6222 (営業)

印刷・製本　中央精版印刷株式会社
装　丁　　　立石愛

検印廃止
©YASUHIKO KITAGAWA, GENTOSHA MEDIA CONSULTING 2024
Printed in Japan
ISBN 978-4-344-69068-4 C0026
幻冬舎メディアコンサルティングＨＰ
https://www.gentosha-mc.com/